# UN RÉSEAU UNIVERSITAIRE AU SERVICE DES LECTEURS DE CODEX

# SOMMAIRE

CODEX #37

revue-codex.fr

**Mosaïque retrouvée dans les thermes romains de Magdala.**
Le motif se compose notamment d'une barque et d'une coupe à boire.
© Fr Tymoteusz/Custodie de Terre sainte

08

## ACTUALITÉ



## ANNIVERSAIRE

27

## Dossier : LÉON XIII

***Dirigé par Christian Sorrel***

CODEX

Abonnement :
CLD, 14, rue de l'église,
16 120 Châteauneuf-sur-Charente
05 45 67 90 39
abo-hcm.cld@orange.fr
Abonnement 1 an : 60 €
Étranger 1 an : 70 €

Rédaction
Directeur de la publication :
Jean-Yves Riou
Conseiller éditorial :
Xavier Boniface
Directeur artistique :
Jean-Marc Richard

Secrétariat de rédaction :
Camille de Forges

Publicité : Jean-Yves Riou
j-yves.riou@orange.fr

Distribution : MLP
Service des ventes :
(réservé aux dépositaires de presse)
VIP diffusion presse
Impression : Imprimerie de Champagne, Z.I. Les Franchises, 52 200 Langres
Printed in France / imprimé en France

Codex est édité par les éditions CLD
140 bis, rue de Rennes
75 006 Paris Sarl au capital de 11 028 €
594 800 963 RCS Paris

N° ISSN : 2497-1189
N° CPPAP : 1028 K 93211
N° ISBN : 978-2-85443-652-5
Dépôt légal à parution
Couverture : © Bridgeman Alamy (2), Musée ethnographique de Belgrade

Ce numéro comporte une relance d'abonnement posée sur une partie de la diffusion.

# SOUS SON PONTIFICAT, LE SAINT-SIÈGE DEVIENT UNE PUISSANCE MORALE AU SERVICE DE LA PAIX

En juillet 1903, Léon XIII est mourant. À son chevet, c'est le monde entier qui se presse. Et de fait, la personnalité du pape est respectée, bien au-delà des seuls cercles catholiques. N'est-ce pas Gabriel Monod, par exemple, un historien républicain et protestant, qui évoque un « tranquille, majestueux et fin vieillard qui de sa main débile gouverne sans défaillance la barque de Pierre » ?

Comment en est-on arrivé là ? On sait, d'une part, le mouvement de centralisation et de romanisation qui traverse le catholicisme romain au XIXe siècle. Devenu, depuis la chute de Rome, « prisonnier » au Vatican et, depuis le concile Vatican I, « infaillible », le capital de sympathie de la papauté n'en finit pas d'augmenter chez les catholiques. Mais, d'autre part, on sait aussi la vigueur de l'anticléricalisme, né du conflit opposant la papauté au nouveau monde issu de la Révolution. Si Léon XIII, au terme d'un pontificat long de plus de vingt-cinq ans, est vénéré par les catholiques et respecté par les autres, c'est qu'il a aussi réussi son projet de réconcilier l'Église catholique et la société moderne. Sous son pontificat, le Saint-Siège devient une puissance morale au service de la paix dans le monde. En effet, à une époque où les organisations internationales n'existent pas encore détaché des querelles territoriales (depuis la perte des États pontificaux), le Saint-Siège est devenu un arbitre apprécié des conflits internationaux. Il en retire un prestige immense.

Le Saint-Siège, par la voix du pape, intervient aussi pour défendre les droits naturels de la personne humaine. Il condamne l'esclavage qui continue de sévir, notamment en Afrique. Il rappelle aux États-Unis triomphants le « triste sort » réservé aux Noirs et aux Indiens. Dans son encyclique la plus connue, *Rerum novarum*, il s'inquiète de la condition ouvrière dans les sociétés industrielles et propose des solutions. En France, où il invite les catholiques, majoritairement monarchistes, à se rallier au régime républicain, le succès est plus mitigé, du moins à court terme.

Léon XIII a su ouvrir des voies nouvelles mais sans compromis doctrinaux. Avec le thomisme, il a donné à l'Église une philosophie capable, selon lui, de faire face aux dangers du temps. Avec le rosaire (onze encycliques) et le Sacré-Cœur, il donne aux fidèles des armes pour le combat spirituel et cherche à dynamiser l'Église.

En choisissant le nom de Léon XIV, le cardinal américain Robert Francis Prevost a montré une fine connaissance de l'histoire. Le règne de Léon XIII était, à bien des égards, un pontificat charnière et décisif.

**JEAN-YVES RIOU,**
*directeur de la publication*

# Rejoignez la communauté des lecteurs de Codex

**Abonnez-vous à partir de 15 €**
frais de port offerts

Par internet **revue-codex.fr**
ou par courrier

**OFFRE N°1**
Trimestre
Abonnement durée libre, 1 n°:
**15€**

**OFFRE N°2**
1 an
Abonnement 1 an 4 n°:
**60€**

**OFFRE N°3**
2 ans
Abonnement 2 ans 8 n°:
**120€**

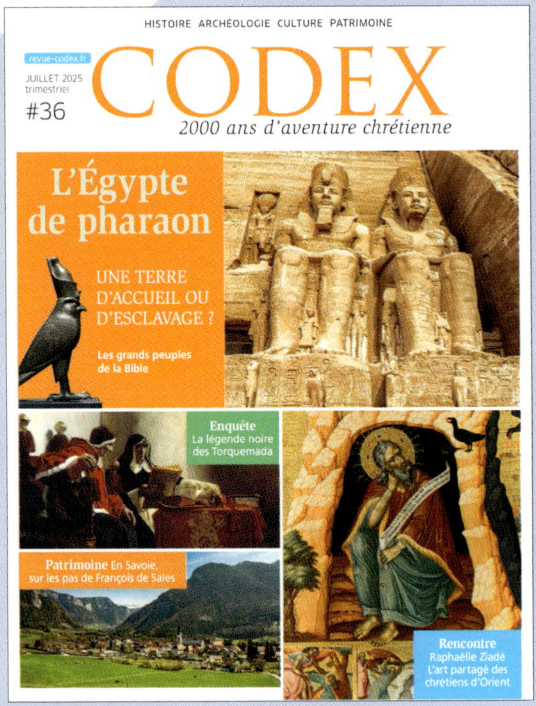


N°36

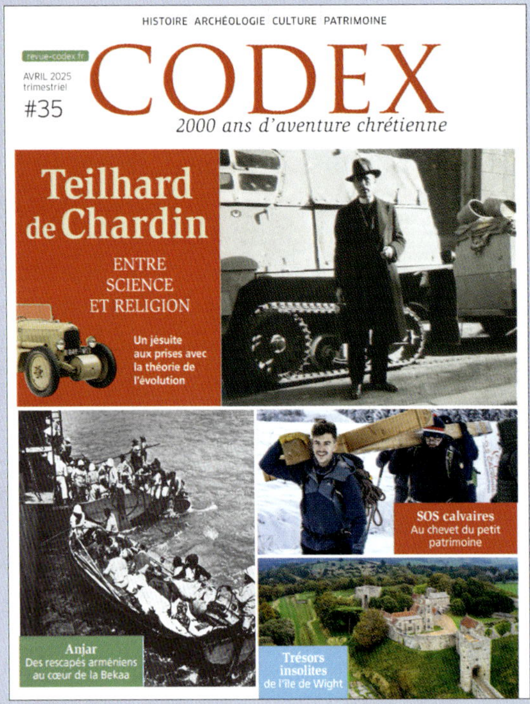


N°35

**Chaque trimestre, une revue de 144 pages superbement illustrée**

CODEX #37

## BULLETIN D'ABONNEMENT PAR COURRIER

À compléter et à retourner dans une enveloppe timbrée à CLD, 14, rue de l'église, 16120 Châteauneuf-sur-Charente

☐ **Oui, je souhaite m'abonner à CODEX**

Je m'abonne à partir du numéro: ........ **Je choisis l'offre n°1** ☐ **l'offre n°2** ☐ **l'offre n°3** ☐

Nom: ..........

Prénom: ..........

Téléphone: ..........

Adresse: ..........

.......... Code postal: ..........

Ville: ..........

e-mail: ..........

Règlement à l'ordre de CLD

par: ☐ chèque ☐ carte bancaire

☐ Prélèvement trimestriel de 15 €

(écrire à contact@editionscld.fr pour obtenir le formulaire)

Numéro CB ⎵⎵⎵⎵ ⎵⎵⎵⎵ ⎵⎵⎵⎵ ⎵⎵⎵⎵

Notez aussi les trois derniers chiffres du numéro inscrit au dos de votre carte bancaire, au niveau de la signature ⎵⎵⎵

Expire fin: ⎵⎵⎵⎵

**Signature obligatoire**

Pour Léon XIII, la démocratie chrétienne est sociale mais pas politique. Cité du Vatican, vers 1900. © Bridgeman

## JEUX



## CULTURE

**Réalisée sous le règne de Sixte V** (1585-1590), auquel elle doit son nom, cette pièce immense mesure 70 m de long sur 15 m de large. © ZUMA Press / Alamy

**Mariage copte :** les deux fiancés portent des vêtements traditionnels qui symbolisent leur royauté spirituelle. © B.O'Kane / Alamy

## PATRIMOINE

*Par Christophe Lafontaine*

# Miracles en Galilée : les révélations des fouilles de Magdala

**Magdala, entre 1890 et 1900.**
À l'époque de Jésus, la ville comptait environ quarante mille habitants. Son déclin date de la première guerre judéo-romaine en 66 ap. J.-C. © Wikicommons

**Archéologie** ✤ Port florissant de la Galilée du Ier siècle, Magdala serait la ville d'origine de Marie-Madeleine. Désormais au cœur d'une renaissance archéologique et spirituelle, le site ouvre une fenêtre sur le monde du Second Temple et des débuts du christianisme.

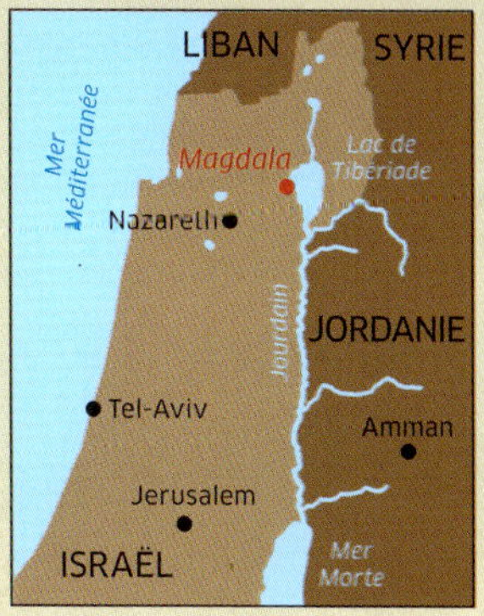

**Vue aérienne de Magdala en 2015**, divisée en deux sites, celui des Légionnaires du Christ au premier plan et celui des franciscains, ceint de murs, en haut à droite. © Avramgr / Wikicommons

Jadis, sur les pentes du mont Arbel, sur la rive occidentale de la mer de Galilée, s'étendait Magdala, « Migdal » en hébreu, « la tour » en français. Les tours en bordure d'étendue d'eau servaient traditionnellement à sécher les poissons pêchés. Ville carrefour d'il y a deux mille ans, elle battait son plein à une époque où la Terre sainte vivait les soubresauts d'une histoire mouvementée entre domination romaine et tensions sociales comme religieuses, dans l'attente d'un renouveau.

Bien que le Nouveau Testament révère le rôle unique de Marie-Madeleine, disciple éprise du Christ, il ne mentionne pas directement le nom de la ville qui lui est attachée mais lui donne son épithète de « magdaléenne » – « celle qui vient de Magdala » – pour la différencier des autres Marie, ce prénom étant alors largement répandu. Ainsi la

**Vieux bateau découvert dans la mer de Galilée**, datant du Ier siècle, maintenant exposé dans un musée à Kibbutz Gin. © Alamy

**LA PREMIÈRE GUERRE JUDÉO-ROMAINE PRÉCIPITA SON DÉCLIN EN 66 AP. J.-C. : DE NOMBREUX HABITANTS PÉRIRENT OU FURENT EXILÉS EN ESCLAVAGE.**

tradition ancra ou ses origines ou sa maison dans cette cité de pêcheurs et de saleurs qui vivaient au rythme de leur commerce et des traditions juives.

Le Talmud de Babylone, la « loi orale » dans le judaïsme, nomme la ville « Magdala Nunayya », ce qui signifie en araméen « la tour du poisson ». Le Talmud évoque aussi des activités de tissage et d'élevage de colombes destinées aux sacrifices du Temple à Jérusalem. Mentionnée par l'historiographe romain juif Flavius Josèphe, qui loua sa position stratégique sur la « via maris » qui reliait l'Égypte à Damas, on apprend qu'elle comptait quarante mille personnes ainsi qu'une flotte de deux cent trente bateaux environ trente ans après la mort de Jésus.

Fondée par les Hasmonéens vers la fin du IIe siècle av. J.-C., en pleine période hellénistique, elle devint un port prospère, une ville thermale et un centre économique et religieux majeur. Nommée « Taricheae » en grec, ce qui veut dire « cuve pour sécher le poisson », elle apparaît ainsi dans les œuvres de Strabon, de Pline l'Ancien et de Suétone. Preuve de son importance, jusqu'à la fondation de la ville de Tibériade vers 20 ap. J.-C. par Hérode Antipas qui fit de celle-ci sa capitale régionale, Magdala fut le seul centre urbain sur la rive occidentale de la mer de Galilée.

La première guerre judéo-romaine précipita son déclin en 66 ap. J.-C. : de nombreux habitants périrent ou furent exilés en esclavage, tandis que la ville fut endommagée, sans que l'archéologie n'ait encore réussi à saisir l'ampleur des dégâts.

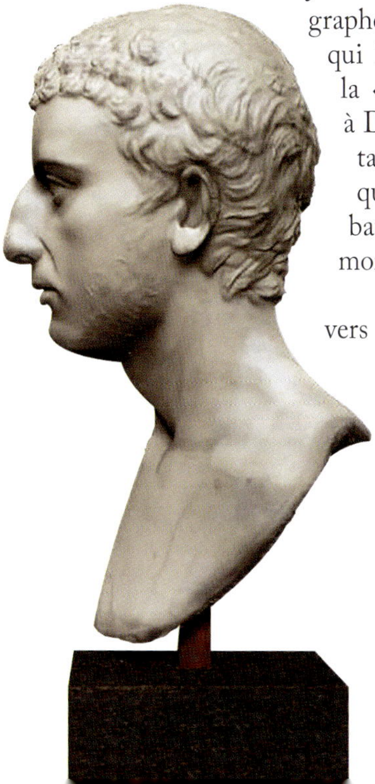

**Buste de Flavius Josèphe** qui, lors de la première guerre judéo-romaine (66-73 ap. J.C.), avait établi ses quartiers généraux à Magdala en tant que commandant des forces juives de Galilée. © Domaine public

## Une maison de Marie-Madeleine ?

Au IVe siècle, sainte Hélène, mère de l'empereur Constantin, aurait fait construire une basilique sur les ruines de l'ancienne Magdala, sur le lieu présumé de la maison de Marie-Madeleine. C'est donc à l'époque byzantine que le site devint un lieu de pèlerinage chrétien actif et vit ensuite

**Visage hypothétique de sainte Marie-Madeleine,** originaire de Magdala, reconstitué à partir d'un crâne qui, selon la tradition catholique, lui appartiendrait. Il est conservé dans la basilique de la Sainte-Baume en France. © Moraes / Wikicommons

●●● s'établir un vaste monastère à proximité du lieu saint. Au VIIIe siècle, la moniale anglo-saxonne Hygeburg évoque l'existence d'un village du nom de « Magdala » entre Capharnaüm et Tibériade, dans l'hagiographie qu'elle rédigea sur l'évêque Willibald d'Eichstätt qui avait effectué un pèlerinage en Terre sainte. Mais après le temps des croisades, l'abandon du monastère et de l'église semblait acté.

Les siècles passèrent et, au XIXe siècle, un petit village appelé al-Majdal était habité par des paysans arabes pauvres. Les habitations comportaient quelques éléments byzantins et croisés réemployés. C'est à la fin de ce siècle, en 1889, que la Custodie franciscaine de Terre sainte, gardienne des lieux saints depuis alors sept cents ans, entreprit d'acquérir le terrain susceptible de contenir les anciens vestiges de la maison de Marie-Madeleine.

Les archives franciscaines indiquent qu'au début du XXe siècle, Rudolf Lendle, un ingénieur militaire allemand, procéda à de modestes relevés archéologiques sans rien publier. Des années plus tard, il confia avoir aperçu les restes d'une église, une pierre gravée d'une croix avec la date de 1389, ainsi que des vestiges de mosaïques. En 1935, le père Bellarmin Bagatti, accompagné d'autres franciscains, visita les lieux, mais aucun ne vit trace d'aucune église. C'est seulement en 1971 que seront menées les premières fouilles approfondies par les franciscains Vittorio Corbo et Stanislaw Loffreda du Studium Biblicum Franciscanum. Un autre franciscain prendra leur suite, le frère Stefano de Luca, entre 2006 et 2013. Leurs excavations ont permis de mettre au jour une ébauche assez précise du tissu urbain romain de la ville, majoritairement en basalte : bâtiments, cardo et decumanus, rues pavées, grande place à arcades, thermes romains où une mosaïque au sol du Ier siècle ap. J.-C., représentant notamment un navire de pêche, témoigne là encore du caractère maritime de la ville. Par ailleurs, la présence d'une grande jetée et de nombreux points d'amarrage ont confirmé l'importance du port aux différentes époques de son existence. Un petit édifice (6 x 6,5 m) du Ier siècle, probablement à l'origine une synagogue mais qui aurait été transformée après la prise de la ville par les Romains en nymphée ou lavoir public, a fait également partie des découvertes ainsi que le monastère d'époque byzantine avec diverses mosaïques.

Aussi, frère Tymoteusz Marszałek, actuel responsable du site archéologique franciscain à Magdala, ajoute-t-il : « Ce qui nous permet de relier Marie-Madeleine et

**LA PRÉSENCE D'UNE GRANDE JETÉE ET DE NOMBREUX POINTS D'AMARRAGE ONT CONFIRMÉ L'IMPORTANCE DU PORT AUX DIFFÉRENTES ÉPOQUES DE SON EXISTENCE.**

sa vie, c'est la découverte par les franciscains d'une bouteille d'albâtre contenant de l'huile de nard datant du Ier siècle. Magdala était célèbre pour la production de cette huile, très coûteuse à l'époque de Marie-Madeleine, et avec laquelle elle oignit le corps de Jésus après sa mort sur la croix et avant de le mettre au tombeau. » Elle l'avait déjà fait du vivant du Christ, aidée de ses longs cheveux.

## Une ville dans le contexte historique du Second Temple

Mais le plus exceptionnel restait à venir. Les Légionnaires du Christ (LC), congrégation catholique contemporaine d'origine mexicaine, achetèrent entre 2006 et 2009 des terres jouxtant le terrain des franciscains pour bâtir un centre de pèlerinage, le *Magdala Center*. Permis de construire en poche, sous la direction du père Juan María Solana (LC), les ouvriers commencèrent à creuser. Très vite, la congrégation dut revoir sa copie. Car contrairement à la zone voisine, propriété de la Custodie de Terre sainte, où se trouvaient des vestiges qui prouvaient que la ville avait continué de se développer après le Ier siècle, le terrain des Légionnaires du Christ, lui, est resté figé pendant près de deux mille ans, peut-être du fait d'une inondation, en témoignent les pièces de monnaie retrouvées sur place datées d'entre 29 et 64 ap. J.-C., soit de la fin de la période du Second Temple de Jérusalem (516 av. J.-C. –70 ap. J.-C).

**Pièce de Hérode Antipas** retrouvée sur le site de la grande synagogue de Magdala, portant la date de 29 ap. J.-C. Hérode est connu pour avoir fait décapiter Jean-Baptiste. © Madain Project

Ci-dessus, **cardo (axe nord-sud)** de la ville romaine de Magdala au Ier siècle. Ci-dessous, **Trous d'amarrage** du port romain de Magdala. © Fr Tymoteusz / Custodie de Terre sainte

**Petite synagogue du Ier siècle**, sur le site franciscain, probablement transformée en nymphée (fontaine) au temps des Romains. © Fr Tymoteusz / Custodie de Terre sainte

**Mosaïque retrouvée dans les thermes romains de Magdala**. Le motif se compose notamment d'une barque, d'une coupe à boire, d'un anneau auquel sont suspendus deux strigiles, d'un vase à onguents, d'un disque et une paire de barres pour athlètes.
© Fr Tymoteusz / Custodie de Terre sainte

Face à cela, les coups de pelle pour le *Magdala Center* ont laissé place aux brosses et truelles des archéologues. Dès lors, remontèrent au grand jour des parties de la ville antique dont la richesse culturelle et historique, tant pour les juifs que pour les chrétiens, nécessita l'ouverture d'un site archéologique placé sous la supervision de l'Autorité des Antiquités d'Israël.

Dans la zone nord-ouest de la ville, c'est une synagogue du Ier siècle ap. J.-C. de plus de 100 m$^2$ qui fut déblayée. Des bancs de pierre courant sur les quatre murs de la salle principale et deux autres salles, l'une dédiée à l'étude et l'autre plus petite où la Torah était conservée, furent ainsi dévoilés.

Fait rare, la synagogue est l'une des seules synagogues antiques découvertes en Israël à avoir été décorée de mosaïques au sol et de fresques murales peintes vers 40 ap. J.-C.

## Un joyau archéologique...

En son sein, trônait un bloc rectangulaire finement sculpté : un véritable joyau archéologique de 60 × 50 cm qui a sans doute servi d'autel pour lire et commenter la Torah. Sur sa face principale, est

**DÈS LORS, REMONTÈRENT AU GRAND JOUR DES PARTIES DE LA VILLE ANTIQUE DONT LA RICHESSE CULTURELLE NÉCESSITA L'OUVERTURE D'UN SITE ARCHÉOLOGIQUE.**

**Vue aérienne de la grande synagogue du Ier siècle** retrouvée dans la partie des Légionnaires du Christ, désormais couverte d'un toit de protection. © Avram Graicer / Wikicommons. À gauche et ci-dessous, **vue intérieure de la grande synagogue du Ier siècle**, sol en mosaïque et autel en pierre, probablement utilisé pour y déposer un rouleau de la Torah. © Amos Gal / Wikicommons – Ilan Amihai / Alamy

**Reconstitution de la grande synagogue du Ier siècle** retrouvée en 2009. © Ori / Wikicommons

**Pierre d'autel** retrouvée dans la synagogue de Magdala. Pierre sculptée de chaque côté, on peut y voir une menorah à sept branches associée à l'ancien Temple de Jérusalem. © Debbie Hill / Alamy

●●● gravée une menorah. Il s'agit de la plus ancienne représentation connue du candélabre à sept branches découverte dans un contexte juif datant de la période du Second Temple et du début de l'époque romaine primitive, période où le Temple était donc encore debout. Le chandelier est entouré de deux amphores, l'une pour le vin et l'autre pour l'huile. La pierre présente en ses angles des petites colonnes sculptées et sur ses côtés des arcades gravées, une référence au sanctuaire de Jérusalem qui prouve que les réunions, prières et lectures de la Torah se déroulaient sous la centralité religieuse de la ville sainte.

Cette petite table de pierre ainsi que les décorations uniques de la synagogue indiquent que Magdala était un siège religieux juif important et riche. Mais sa découverte éclaire aussi significativement les origines du christianisme. Car il est dit dans l'évangile de Matthieu que «Jésus parcourait toute la Galilée, enseignant dans les synagogues et prêchant la bonne nouvelle du royaume…». Étant donné la proximité des fouilles, à une petite dizaine de kilomètres de

**13 décembre 2021**. Des membres du personnel de l'Autorité israélienne des antiquités (IAA) travaillent sur un site de fouilles dans le village de Migdal près de Tibériade, Israël. © Imago / Alamy

Capharnaüm, où vivaient Pierre et André, et Jésus lui-même, la synagogue de Magdala fut selon toute probabilité le théâtre des enseignements du Nazaréen.

Elle est la seule avec une autre, plus petite, plus simple et découverte en 2021 à quelque 200 mètres, dans toute la Galilée, à remonter à l'époque de Jésus. Celle que l'on peut voir à Capharnaüm a été bâtie au début de l'ère byzantine sur les ruines de celle de l'époque du Christ.

Jusqu'à la destruction du Temple, les premiers chrétiens partageaient leurs synagogues avec les juifs. Ce n'est qu'après qu'une séparation plus nette a commencé. Selon les archéologues, les deux synagogues de Magdala, toutes deux de calcaire et de basalte bâties, ont coexisté d'environ 50 av. J.-C. jusqu'à la révolte juive en 67 ap. J.-C. Elles ont donc certainement vu la naissance des premières communautés judéo-chrétiennes, faisant partie des dix plus anciennes synagogues du monde datant d'avant la destruction du Temple. Magdala était tellement peuplée qu'elle nécessitait deux lieux de culte, ce qui était vraiment peu courant à cette époque, et prouve le grand dynamisme de la vie juive dans la ville. L'époque correspondait à celle du Second Temple, période marquée par une intense vie religieuse juive, avant sa destruction par les armées de l'empereur romain Titus.

Si d'autres fouilles ont durant ce dernier quart de siècle continué à découvrir les restes d'un marché à poissons, de bassins pour leur conditionnement, d'ateliers de salage, d'hameçons, poids et crochets pour filets, elles ont aussi permis d'appréhender l'aisance de certains marchands qui ●●●

**Bac à poissons**. Magdala est une ville de pêcheurs, dans la zone la plus poissonneuse du lac de Tibériade. © Ori / Wikicommons

Église « *Duc in altum* » à Magdala, tenue par les Légionnaires du Christ. © Israel Zeller / Wikicommons. **Mosaïque de l'artiste Maria Jesus Fernández** représentant l'exorcisme de Marie-Madeleine par Jésus dans une chapelle du *Magdala Center* des Légionnaires du Christ. © Andres Bergamini

**MARIE-MADELEINE ÉTAIT AU TOMBEAU AU MATIN DE LA RÉSURRECTION DU CHRIST, QUI L'APPELLA PAR SON PRÉNOM ET QU'ELLE RECONNUT.**

●●● avaient pavé de mosaïques le sol de leur maison ou encore, de mieux souligner l'importance de la pureté rituelle juive à travers plusieurs *mikva'ot* (bains rituels).

C'est dans ce contexte que Marie la Magdaléenne vit le jour. Elle fut celle que Jésus délivra de « sept démons », selon l'évangile de Luc – et qui fit qu'elle ne le quitta plus. Elle fut au pied de la croix, quand d'autres avaient fui. Elle était au tombeau au matin de la résurrection du Christ, qui l'appela par son prénom et qu'elle reconnut. Deux mille ans plus tard, les Légionnaires du Christ ont voulu que cette présence féminine ne soit pas passée sous silence. Sur les ruines de sa ville d'origine, ils ont bâti *Duc in Altum*, une chapelle pour pèlerins orientée vers le lac de Tibériade. L'atrium, lumineux et circulaire, rend hommage aux femmes de l'Évangile. Le nom de Marie-Madeleine y figure aux côtés de ceux de Marie, mère de Jésus, de Marthe, de Salomé et d'autres femmes disciples. Le 22 juillet 2023, pour la toute première fois, sur leur site, les franciscains de la Custodie de Terre sainte ont célébré la fête de sainte Marie-Madeleine. Le double site archéologique redevient donc un lieu spirituel, quand bien même ni la maison de celle qu'on surnomme « l'apôtre des apôtres », ni l'église qui l'aurait sanctuarisée, n'ont été à ce jour retrouvées.

***CHRISTOPHE LAFONTAINE***

*Codex* n° 38 en vente le 08 janvier 2026
**À Rome, la tombe de saint Pierre**

À gauche, **chœur et absidiole,** à droite, **cuve baptismale** de l'ancienne cathédrale de Vence. © F. Blanc Garidel, service d'Archéologie Nice Côte d'Azur

# UNE CATHÉDRALE ANTIQUE **SORT DE L'OUBLI À VENCE**

**ARCHÉOLOGIE** ✽ CES DERNIERS MOIS, LES VESTIGES D'UNE CATHÉDRALE DU V^E SIÈCLE ONT ÉTÉ MIS AU JOUR À VENCE, DANS LES ALPES-MARITIMES, UNE LUMIÈRE DE PLUS SUR L'ANCIENNE CITÉ GALLO-ROMAINE, À L'ÈRE DU CHRISTIANISME PRIMITIF EN PROVENCE.

Une mairie pas peu fière. Le 31 juillet dernier, la municipalité de Vence tenait un point presse pour annoncer entre autres la découverte d'un baptistère paléochrétien – structure plutôt rare en France – dans un très bon état de conservation. La cuve baptismale cruciforme, dans un octogone symbolisant les sept jours de la création et celui de la Résurrection, a été retrouvée dans son état originel.

En mars 2025, au même endroit, lors de travaux de réfection des Halles Surian dans le centre-ville, avaient été découvertes les fondations d'une cathédrale vieille de mille cinq cents ans, contemporaine au baptistère, à l'extérieur de laquelle il se trouvait. À l'époque paléochrétienne, les catéchumènes, souvent des adultes, après avoir été partiellement immergés dans la cuve baptismale – comme de coutume en Occident – et après avoir reçu les sacrements, étaient admis à intégrer la communauté chrétienne et à franchir les portes de l'église. Ce rite témoigne d'une organisation ecclésiale déjà bien structurée à Vence au V^e siècle, dans une région qui joua un rôle majeur dans l'expansion du christianisme en Gaule romaine.

La cathédrale « est possiblement liée à l'épiscopat de Severus, qui est le premier évêque vençois dont l'existence est mentionnée en 439 dans les sources écrites », a expliqué la municipalité. La cathédrale de plan rectangulaire s'étend sur 30 mètres de longueur. L'extrémité orientale se termine par deux absides. Les fouilles ont prouvé que l'édifice avait été démoli au XI^e siècle quand l'actuelle cathédrale, située une cinquantaine de mètres plus loin, fut érigée. Une trentaine de sépultures, qui pourraient être celles d'évêques, chanoines ou notables laïcs, ont également été dévoilées. La comparaison avec les sources écrites sur la vie des évêques de Vence entre le V^e et le XI^e siècle aidera à en savoir plus sur le christianisme primitif dans l'espace alpin et méditerranéen. ✽

***CHRISTOPHE LAFONTAINE***

**Des vestiges coptes** ont été retrouvés dans cette cité de la région d'Ain El-Kharab, au sein du site archéologique de l'oasis de Kharga. © Ministère égyptien du tourisme et des antiquités

## ÉGYPTE / COPTES

# DEUX ÉGLISES SORTIES DES SABLES

Le ministère égyptien du Tourisme et des Antiquités a annoncé le 24 juillet que des fouilles dans le désert occidental du pays avaient mis au jour des vestiges coptes à Ain El-Kharab, dans l'oasis de Kharga, connue pour avoir été un site polythéiste du IIIe siècle av. J.-C. au IIe siècle ap J.-C. Outre des maisons résidentielles, ont été retrouvées des tombes et deux églises de l'époque copte primitive, dont la plus grande présente une structure de style basilical. La plus petite abrite des murs recouverts d'inscriptions coptes. Une peinture murale représentant Jésus-Christ guérissant les malades a également été dévoilée.

## GAULE / INRAP

# SOUS LES CAILLOUX, UNE MOSAÏQUE INTACTE...

**Nettoyage** de la mosaïque en cours. © F. Giraud, Inrap

À l'occasion de fouilles préventives de l'Inrap entamées en février 2025, un sol de tesselles, très bien conservé, a été mis au jour à Alès (Gard). La mosaïque (4,5 x 3,8 m) daterait de la fin du IIe siècle av. J.-C. au début du Ier siècle ap. J.-C., soit de la période gallo-romaine. Elle appartenait probablement au sol d'une « domus », maison occupée par une famille aisée. Polychrome, teintée de blanc, noir, rouge violacé, jaune ou rouge cinabre – une rareté –, elle est ornée d'entrelacs géométriques et de svastikas antiques.

## GAULE / INRAP

# ...ET UNE GIGANTESQUE VILLA DANS L'YONNE

Une autre équipe de l'Inrap a révélé une très vaste villa gallo-romaine d'environ 4000 m² à Sainte-Nitasse, à 3 km au sud d'Auxerre, dans l'Yonne, sur un site déjà connu. La partie dévoilée correspond à la *pars urbana*, autrement dit la zone résidentielle de la villa, l'autre partie, dédiée à l'agriculture, la *pars rustica*, reste encore largement à délimiter. Occupée du Ier au IVe siècle ap. J.-C., ce qui correspond à l'époque où la Gaule était sous domination romaine, cette villa de riches artistocrates s'articulait autour d'un grand jardin carré, doté d'un bassin et d'une fontaine. Cet espace central était desservi par des galeries qui permettaient d'accéder à plusieurs grandes pièces de réception à vocation ostentatoire et à d'autres pièces dédiées aux services et à la cuisine.

**Vue générale du chantier** depuis l'ouest. © Ch. Fouquin, Inrap

## RUSSIE / IVAN III

# UN SCEAU DU FONDATEUR DE L'ÉTAT RUSSE RETROUVÉ

En juin 2025, des archéologues ont découvert à Moscou, en Russie, un sceau datant du XVe siècle ayant appartenu à Ivan III (1440–1505), fondateur de l'État russe centralisé et souvent surnommé le « rassembleur des terres russes ». Il s'agit du premier sceau grand-ducal retrouvé et du dernier exemple connu de l'époque des sceaux en plomb, matériau remplacé ensuite par la cire.

**Mosquée** dans la maison de Pierre Loti à Rochefort. © Vie sauvage Didier Von Tillmann

ROCHEFORT / MUSÉE

## LA MAISON DE **PIERRE LOTI** RESSUSCITÉE

Après de longs travaux, la maison de Pierre Loti à Rochefort (Charente-Maritime) a réouvert le 10 juin 2025. L'édifice aux mille souvenirs des quatre coins du monde, rapportés par l'officier de Marine et écrivain-voyageur, était fermé depuis 2012. Salle gothique, salon turc, chambre arabe, mosquée, pagode japonaise, salle chinoise, la maison est une fascinante invitation aux voyages. Un salon immersif permettra d'écouter des extraits des œuvres de Loti et certains espaces seront parfumés, apportant ainsi une dimension sensorielle singulière.

SYRIE / UNESCO

## **REPRISE DES ACTIVITÉS** APRÈS 14 ANS D'ARRÊT

Au début de l'été, l'Unesco a annoncé relancer ses opérations en Syrie, après 14 ans d'interruption due à la guerre, avec un projet pilote consacré à la revitalisation du Musée national de Damas, qui abrite des collections archéologiques du pays, dont les fresques de la synagogue de Doura Europos et des artéfacts retrouvés à Palmyre. Fondé en 1919, il est l'une des plus anciennes institutions culturelles du Moyen-Orient. Dotée d'un financement de 175 000 dollars, cette première initiative de l'Unesco vise à fournir une aide d'urgence pour la réhabilitation du musée, des formations pour le personnel ainsi que la numérisation des archives. Le musée a rouvert partiellement en octobre 2018.

**Musée national de Damas**, Syrie. © Schumeru / Wikicommons

ARLES / CONSERVATION

## LES RELIQUES DE **SAINT CÉSAIRE** DE NOUVEAU VISIBLES

Depuis le 3 mai 2025, la salle capitulaire du cloître Saint-Trophime à Arles est rouverte. C'est là que sont conservées les reliques de saint Césaire, qui devint évêque de la « Petite Rome des Gaules » en 502 et pour quarante ans. Ces objets, très fragilisés, ne peuvent être exposés plus de 221 heures par an. La ville d'Arles a donc réalisé des travaux pour modifier l'éclairage, le contrôle de la température et de l'hygrométrie, en utilisant des technologies de pointe.

EXPOSITION / MOUSQUETAIRES

## **D'ARTAGNAN** À L'HONNEUR DANS LE GERS

**Tunique, pallia, boucle de ceinture et sandales** de saint Césaire. © Ville d'Arles

Jusqu'au 16 novembre 2025, le centre d'art du château de Lavardens dans le Pays d'Auch consacre une exposition au plus célèbre des mousquetaires du roi, Charles de Batz de Castelmore, dit d'Artagnan. Épées, mousquets, pistolets, dagues et baudriers, une armure de Richelieu, issus des collections du musée des Invalides, ainsi que des masques de fer, des costumes de films, des archives du Service historique de la Défense ou encore du cinéma, explorent la vie du d'Artagnan historique, le personnage de Dumas, le héros de cinéma et le mythe qu'il est devenu dans la culture populaire.

# L'AVENIR TRÈS INCERTAIN des chrétiens

**SYRIE** ✤ EN JUIN DERNIER, DES CHRÉTIENS ONT ÉTÉ ATTAQUÉS EN PLEINE MESSE, DANS UNE ÉGLISE DE DAMAS. CE DRAME FAIT CRAINDRE LE PIRE POUR LES « MINORITÉS » SYRIENNES, POUR L'EXISTENCE DES CHRÉTIENS ET POUR L'AVENIR DU PAYS.

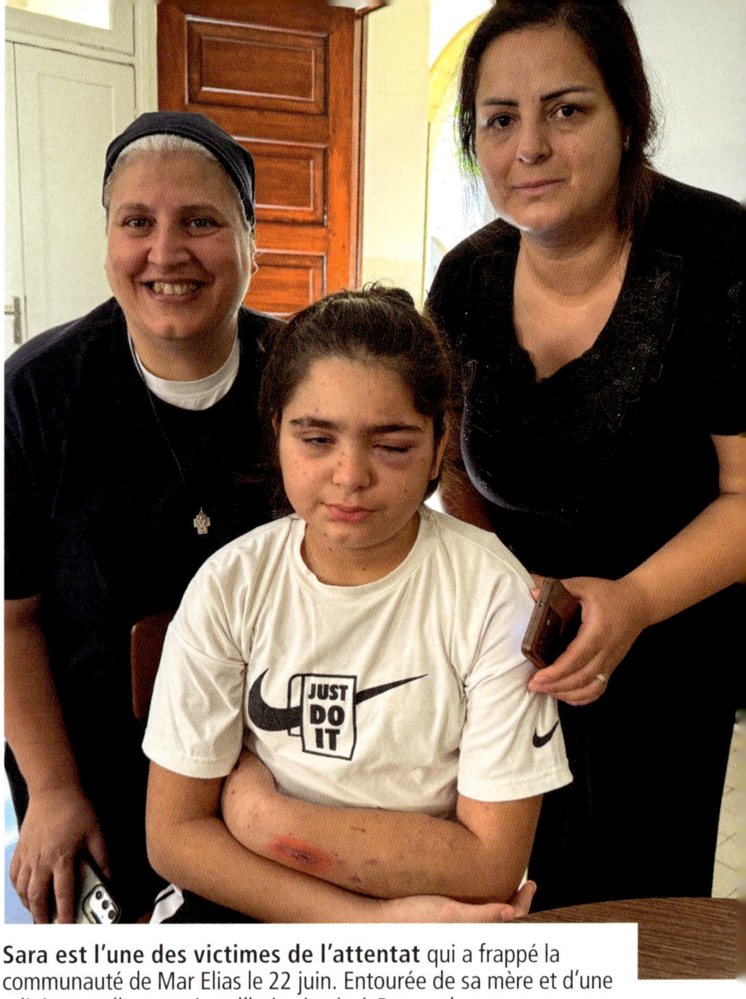

**Sara est l'une des victimes de l'attentat** qui a frappé la communauté de Mar Elias le 22 juin. Entourée de sa mère et d'une religieuse, elle est aujourd'hui soignée à Beyrouth. © N. Duplan

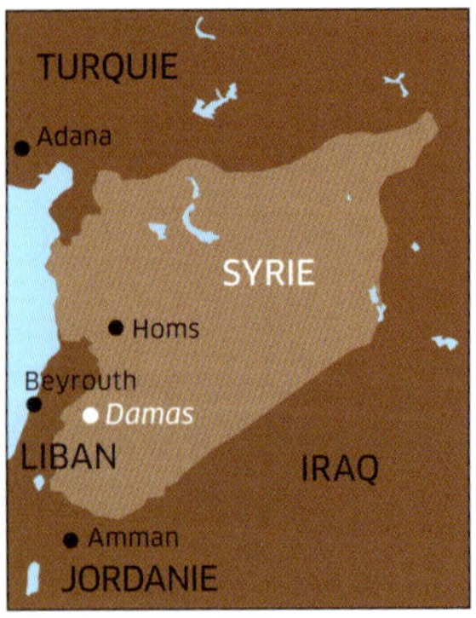


Le visage grêlé de petites entailles, les yeux gonflés à demi fermés, Sara est assise, bras croisés, comme absente. À douze ans, elle est l'une des soixante-dix victimes blessées dans l'attentat de l'église gréco-catholique Mar Elias, à Damas, qui a fait au moins trente morts le 22 juin dernier. Le terroriste a ouvert le feu sur les fidèles avant de déclencher sa ceinture d'explosifs, ravissant à cette enfant la vue et sept membres de sa famille. Avant cela, Sara a été témoin de la scène. Elle l'a racontée à sa mère Hanane, avant de se murer dans le silence.

Ce funeste 22 juin, Hanane assistait elle aussi à la messe avec ses cinq enfants (Hélène, quatorze ans, Sara, douze ans, Brahim, huit ans, et les jumelles Takla et Christine, cinq ans), sa mère, son mari et la famille de ce dernier. Elle était devant avec Takla, alors que ses autres enfants étaient dispersés : « Nous avons entendu des tirs à l'extérieur de l'édifice, puis le bruit est devenu plus fort. L'homme tirait sur n'importe qui. Quelqu'un nous a enjoint de nous mettre à l'abri sous les bancs. Je voulais monter à l'autel pour récupérer mon fils Brahim qui portait le cierge près du prêtre. Mais l'oncle Géryès m'a intimé l'ordre de ne pas bouger. »

Quelques minutes après, le terroriste se fait sauter. Au milieu du chaos, Hanane cherche ses enfants : Brahim est indemne, malgré son aube blanche maculée de poussière. Hanane le conduit dehors avec Takla pour les soustraire à cet enfer, en évitant les victimes qui jonchent le sol. Elle retrouve Hélène cachée sous un escalier. Elle passe à côté de Sara sans se rendre compte que

L'Œuvre d'Orient

Cette rubrique est réalisée en partenariat avec l'Œuvre d'Orient.

À Damas, l'église Mar Elias (Saint-Élie) accueille une communauté gréco-catholique. Trois cent cinquante fidèles étaient réunis le jour de l'attentat.
© DPA Picture Alliance/ Alamy

l'adolescente aux cheveux ébouriffés et au visage tuméfié est sa fille. Elle la reconnaît finalement à son chemisier et à ses chaussures. Autour de Sara, trois membres de la famille gisent à terre.

## Son mari était au bloc opératoire

Takla, Sara et Elias, le mari de Hanane, sont conduits à l'hôpital français Saint-Louis. Quand Hanane parvient à les retrouver, sœur Rita, une Fille de la Charité de saint Vincent de Paul, la rassure. La religieuse explique : «J'ai annoncé à Hanane que Takla allait bien, que son mari était au bloc opératoire, car l'artère de la jambe était touchée. Quant à Sara, il fallait la transférer dans un établissement doté d'un service ophtalmologique.» Pendant ce temps, les oncles Géryès et Boutros demeurent introuvables. Avant l'explosion, ils ont transporté des blessés par balles et tenté de maîtriser l'assaillant. Hanane confie : « On ne les a pas trouvés tout de suite, alors on a espéré. La femme de Géryès, elle, avait la conviction qu'il était mort. Elle criait : "Mon mari est mort mais il a sauvé tout le monde dans l'église !" »

Arrivé au plus vite au chevet des victimes, Vincent Gelot, le responsable des projets de L'Œuvre d'Orient pour le Liban et la Syrie, les informe que l'association prendra en charge leurs soins. Sara sera traitée au Liban, où des spécialistes espèrent pouvoir lui rendre quelques capacités visuelles.

Cette tragique épreuve pourrait avoir raison de la détermination des chrétiens qui ont résisté jusqu'alors. Telle la famille de Sara, dont la maman déclare : « Pour nous, la Syrie, c'est fini. Nous voulons mettre nos enfants à l'abri n'importe où. Ils sont traumatisés ! »

Hormis le lourd bilan – vingt-cinq morts et plus de soixante blessés – de cet attentat, il y a le poids du symbole. Un poids tel que certains affirment qu'il y aura un avant et un après, et que la présence des chrétiens est menacée.

Grand connaisseur de la Syrie où il se rend très régulièrement, Vincent Gelot précise: «Il faut remettre cet attentat dans son contexte. La situation des chrétiens de Syrie n'a cessé d'empirer depuis le début de la guerre : on estime qu'ils ont perdu 70 à 80 % de leurs membres durant cette période. Cette communauté est en péril dans son existence même. Le conflit a déplacé une grande ●●●

**L'attentat-suicide a coûté la vie à vingt-cinq personnes** et soixante-trois autres ont été blessées. Sept membres de la famille de Sara ont perdu la vie mais l'attitude héroïque de ses oncles, Géryès et Boutros, a évité un carnage. © Abaca Press/Alamy

●●● partie de la population, y compris les chrétiens, qui l'ont vécu très durement. Leurs quartiers ont été dévastés, ils ont connu sanctions et pénuries. Ils ont parfois subi des persécutions, notamment de Daesh. Tout cela pendant les quatorze années de guerre et jusqu'à la chute de Bachar el-Assad. Le changement de régime a provoqué un soulagement chez eux comme chez les autres. Néanmoins, de nouvelles difficultés sont apparues, principalement d'ordre sécuritaire. L'attentat qui a eu lieu dans l'église de Mar Elias en est une tragique illustration. »

Depuis l'accession de Ahmad al-Charaa à la tête de l'État, trois événements dramatiques majeurs ont secoué le pays : le massacre de la population alaouite sur la côte ouest, en mars (environ mille six cents morts) ; l'attentat de Mar Elias en juin ; et les massacres de la population druze (plus de mille deux cents victimes) dans les villes du sud, en juillet.

## Un climat délétère depuis plusieurs mois

« Il y en a un quatrième, corrige Vincent Gelot, le climat délétère qui sévit depuis plusieurs mois avec des épisodes d'humiliations, d'intimidations, d'enlèvements, d'appels à se convertir à l'islam, etc. Les autorités en place ne sont pas innocentes. Les gens n'en peuvent plus. Cet attentat est intervenu dans ce contexte. C'est un épisode d'une extrême gravité d'autant qu'il est survenu en pleine liturgie. Les chrétiens syriens n'ont jamais connu cela, même pendant la guerre, et se voient soudain comme une cible potentielle des groupes islamistes. Ils accusent les autorités de ne pas faire le maximum pour les protéger. »

Durant le prêche et l'enterrement des victimes de l'église Mar Elias, le patriarche grec orthodoxe n'a pas hésité à mettre le président al-Charaa clairement en cause, soulignant que de tels actes ne s'étaient pas produits en Syrie depuis les massacres de 1860.

Vincent Gelot conclut : « L'existence de la communauté chrétienne de Syrie est en jeu, comme celle de la Syrie avec ses différentes composantes. » Spécialiste de la Syrie à laquelle il a consacré plusieurs ouvrages, maître de conférences en géographie à l'université Lyon 2, Fabrice Balanche confirme le constat et les inquiétudes de l'hu-

**Ahmad al-Charaa,** l'ancien djihadiste devenu président par intérim de la Syrie. Ici, le 07 mai 2025, à l'entrée du palais de l'Elysée. © SOPA images Limited/Alamy

manitaire : « Il reste 200 à 300 000 chrétiens en Syrie, soit 1 à 1,5 % de la population estimée à 19-20 millions. Avant la guerre, ils étaient 1,2 million, soit 5 % de la population. La moyenne d'âge est élevée, car les jeunes et les familles avec enfants ont quitté le pays. Ils ne reviendront pas avec le pouvoir actuel et les personnes âgées s'apprêtent à rejoindre leurs enfants à l'étranger. Elles attendent simplement que le prix de l'immobilier se redresse un peu pour liquider le patrimoine familial dans de pas trop mauvaises conditions. Les chrétiens ne sont pas directement persécutés par le nouveau régime. Au contraire, Ahmad al-Charaa tente de les protéger dans le but d'obtenir rapidement la levée des sanctions économiques et un soutien de l'Occident. Mais il ne peut empêcher ses hommes de maltraiter et de tuer des chrétiens par haine religieuse. À Soueida, en juillet dernier, le pasteur évangélique de la ville et toute sa famille ont été assassinés par des djihadistes à la solde d'al-Charaa. D'autres chrétiens ont fait partie des victimes lors du massacre des Alaouites et des Druzes. L'attentat contre l'église Mar Elias et la tentative contre celle de Khréibat, village maronite à l'est de Tartous, montrent que les chrétiens ne sont en sécurité nulle part en Syrie. Des groupes radicaux veulent les éliminer et les chasser du pays. Le régime d'al-Charaa n'a ni les moyens ni l'envie de s'y opposer. Au mieux, il veut conserver quelques milliers de chrétiens comme témoins du passé et symbole de sa tolérance, mais surtout de supériorité des musulmans. »

Ce qui se joue actuellement en Syrie est d'une importance capitale. Plus incertain que jamais, l'avenir des chrétiens, qui sont disposés à reconstruire leur pays avec leurs compatriotes, devrait susciter un intérêt accru de la part de la communauté internationale.

***NATHALIE DUPLAN***

DOSSIER

# Le pape des ouvriers

**L'encyclique *Rerum Novarum* « sur la condition des ouvriers » est le texte le plus connu de Léon XIII.** Depuis son passage comme nonce en Belgique, le nouveau pape connaît la société industrielle et la misère ouvrière. Il connaît aussi le travail de terrain mené par les catholiques sociaux. Pour la première fois, un document romain sur le monde moderne présente des analyses concrètes et suggère des solutions chargées d'enjeux techniques ou politiques.
© Bridgeman / Alamy / DR / Bridgeman

**CHRISTIAN SORREL,**
*professeur émérite Lyon 2*

© J. Spiewak

# 7 clés pour décoder deux pontificats

Le 8 mai 2025, les catholiques ont découvert le pape Léon XIV et, avec lui, redécouvert Léon XIII, qui a gouverné l'Église du 20 février 1878 au 20 juillet 1903. Le choix du nom de l'élu du conclave n'est jamais anodin et le cardinal américano-péruvien Robert Francis Prevost a expliqué sa démarche en établissant un parallèle entre la révolution industrielle vécue par le cardinal italien Vincenzo Gioacchino Pecci et la révolution de l'intelligence artificielle en cours au seuil du nouveau pontificat. Le nom introduit d'abord une différence par rapport au prédécesseur, sans impliquer nécessairement la rupture que les observateurs aiment valoriser autour de Jean XXIII (1958) et François (2013). Il revendique également une filiation, à l'exemple de Jean-Paul I^er^ (1978) dont le patronyme évoque les papes du concile, Jean XXIII et Paul VI, qui l'ont fait évêque puis cardinal, et la basilique San Zanipolo de Venise dont il était le pasteur. Le pontificat de Léon XIV débute à peine et nul ne sait ce qu'il sera. Mais il est vrai que, par-delà la différence d'époque et de personnalité, des réminiscences existent qui invitent à relire l'itinéraire de Léon XIII, pontife d'une Église confrontée à la modernité et orientée vers l'affirmation de sa puissance morale, mise au service de la paix et de la personne humaine, sans exclure des transactions avec les États et les sociétés, mais en refusant le compromis doctrinal.

# 1 UN PAPE **SANS ÉTAT**

Le pouvoir temporel du pape, remis en cause en 1798, 1808 et 1848, s'est effondré en 1870 avec l'entrée de l'armée italienne dans Rome par la Porta Pia. Comme Pie IX, confiné sur la rive droite du Tibre, Léon XIII se considère comme le prisonnier du Vatican. Symboliquement, le jour de son élection, il ne donne pas sa bénédiction depuis la loggia extérieure de la basilique Saint-Pierre orientée vers la place, mais il choisit la loggia intérieure tournée vers la nef. Sans revendiquer tout le territoire perdu depuis 1859, mais en se limitant de fait à la ville de Rome, il réaffirme le lien entre l'indépendance spirituelle du pontife romain et son indépendance territoriale, malgré les garanties octroyées unilatéralement par l'État italien en mai 1871. Régulièrement, l'*Urbs* est le théâtre d'affrontements physiques et symboliques. En 1881, les anticléricaux attaquent le cortège qui accompagne le corps de Pie IX vers sa dernière demeure à Saint-Laurent-hors-les-Murs. Les années suivantes, ils prennent pour cible les pèlerins qui arrivent à la gare Termini et parcourent la ville pour rejoindre le Vatican. Dans le même temps, Rome se couvre de statues à la gloire des héros du *Risorgimento* et des victimes de l'Église, tel Giordano Bruno, figure de la libre pensée érigée sur le Campo de' Fiori où il avait été brûlé en 1600. À plusieurs reprises, la curie étudie le départ du pape en cas de menaces graves en invoquant le principe *Ubi Papa, ibi Roma*. Mais l'hypothèse s'éloigne assez vite et la cohabitation des deux Rome se stabilise, par-delà la permanence de l'interdiction faite aux catholiques de participer aux élections nationales. Des palais du Vatican qu'il ne quitte jamais, pas même pour aller à Castel Gandolfo, Léon XIII peut dès lors promouvoir une diplomatie active et un magistère pastoral avec, pour horizon, le monde entier.

**Comme son prédécesseur Pie IX,** ici dans le train papal en 1863, Léon XIII se considère « prisonnier au Vatican » après la chute des États pontificaux et la prise de la ville de Rome. © CBW/Alamy

## 2 UNE ÉGLISE **CENTRALISÉE**

Léon XIII conforte le mouvement de concentration du catholicisme autour du centre romain porté par l'ecclésiologie intransigeante qui a obtenu une victoire décisive lors du premier concile du Vatican avec la constitution *Pastor Aeternus*, favorable à la primauté du pontife et à son infaillibilité lorsqu'il définit *ex cathedra* une vérité touchant la foi ou les mœurs. Il exerce une forte autorité personnelle en s'appuyant au départ sur une garde rapprochée pérugine, en jouant des rivalités des partis et en utilisant des commissions cardinalices temporaires pour contourner les congrégations curiales. S'il remanie des services pour tenir compte de la perte du pouvoir temporel, il ne lance pas de réforme globale de la curie et la situation semble bloquée lors de sa mort. Dans le même temps, aidé par le progrès des transports, il accélère la circulation entre le centre et la périphérie et promeut l'internationalisation du catholicisme, qui passe par sa romanisation, sur les terres de mission dépendant de la Propagande comme dans les pays dotés d'une hiérarchie régulière. Une élite de clercs se prépare dans les séminaires nationaux établis à Rome. Les nonces et les délégués apostoliques représentent le pape à travers le monde. Les encycliques (quatre-vingt-six en vingt-cinq ans) démultiplient la parole pontificale, uniformisent les références et incitent à agir, par exemple sur le terrain social. Léon XIII tente aussi de recomposer les familles religieuses (Franciscains, Bénédictins) et de réorienter les Églises nationales, par exemple en France au seuil de la décennie 1890. En 1884, il convoque lui-même à Baltimore le troisième – et dernier – concile plénier des États-Unis, dont il surveille la préparation puis la finalisation des actes. En 1899, il organise à Rome le concile plénier de l'Amérique latine, voulu par les épiscopats locaux, en dépit des dissensions sur le lieu de la rencontre, Lima ou Santiago du Chili.

# 3 RENOUVEAU DU THOMISME ET DÉFENSE DOCTRINALE

Léon XIII se saisit des enjeux doctrinaux, qui revêtent une importance croissante depuis les attaques antichrétiennes du XVIIIe siècle, en proposant la restauration d'une bonne philosophie, identifiée au thomisme. Le retour à la pensée de saint Thomas d'Aquin est engagé depuis le second tiers du XIXe siècle et Mgr Pecci a soutenu la démarche comme évêque de Pérouse face aux flottements de la pensée catholique contemporaine, tentée par le compromis avec la philosophie moderne ou au contraire raidie dans son refus par le traditionalisme. Dès août 1879, par l'encyclique *Aeterni Patris*, le nouveau pape propose le thomisme comme armature conceptuelle d'un catholicisme qu'il invite à l'initiative après ses échecs répétés. Le thomisme lui paraît en effet seul capable de penser les rapports entre la foi et la raison tels que le concile les a définis dans la constitution *Dei Filius* en rejetant le fidéisme tout autant que la prétention à l'indépendance absolue de la raison individuelle. Il y voit aussi le moyen d'intégrer les progrès légitimes du savoir contemporain en leur procurant un fondement solide. Il l'associe enfin à l'affirmation de l'ecclésiologie romaine centralisatrice en soutenant la thèse du pouvoir indirect de l'Église sur la Cité après la perte du pouvoir temporel (S.-T. Bonino). La préoccupation doctrinale de Léon XIII se manifeste tout au long de son pontificat, et plus encore durant sa dernière décennie qui renouvelle les dangers. En 1899, il censure l'américanisme qui, au-delà des enjeux politiques pour le catholicisme des États-Unis, semble ouvrir la porte à des compromis doctrinaux. En 1893, il met en garde les exégètes à propos de la méthode historico-critique appliquée à la Bible. En 1902, il crée la commission biblique qui jouera un rôle important pendant la crise moderniste, centrale pour le pontificat de Pie X.

**Selon Léon XIII, le thomisme est la seule philosophie** capable de penser les rapports entre la foi et la raison tels que définis par Vatican I. *Le triomphe de Thomas d'Aquin*, 1631, Francisco de Zurbarán, Séville. © Wikicommons

# 4 RÉAFFIRMATION DES PRINCIPES ET TRANSACTIONS AVEC LES ÉTATS

Léon XIII devient pape après trois décennies d'affrontement entre l'Église catholique et l'État libéral et national issu de la Révolution française. Ferme sur les principes, il ne transige ni avec les droits de la vérité, ni avec ceux du Saint-Siège. Mais il tient compte des réalités concrètes pour permettre à la papauté de renouer avec les puissances et améliorer la situation des croyants, invités à abandonner leur opposition frontale. De 1881 à 1888, plusieurs encycliques délivrent un enseignement politique de grande portée (*Diuturnum, Immortale Dei, Libertas Praestantissimum*). Pour le pape Pecci, l'origine divine du pouvoir, qui ne saurait être discutée, impose des devoirs aux peuples comme aux gouvernements, obéissance pour les uns, respect des droits de Dieu pour les autres. L'Église ne préfère aucune forme institutionnelle et invite les croyants à participer à la vie publique, sauf exceptions liées à des raisons graves comme pour l'Italie usurpatrice des droits du Saint-Siège. Si la liberté (presse, expression) est condamnable quand elle se fait licence, elle devient porteuse de valeurs lorsqu'elle permet de servir la vérité et la moralité, et l'Église est fondée à la revendiquer à ce titre. Sans contredire les écrits de Pie IX (encyclique *Quanta Cura, Syllabus*), l'enseignement de Léon XIII opère un dépassement et offre une base doctrinale pour les relations avec les États et l'engagement des croyants. En témoignent aussi bien l'apaisement avec l'Allemagne luthérienne engagée dans le *Kulturkampf* que la tactique du ralliement des catholiques français à la République laïcisatrice en voie d'enracinement dans la société. Les nécessités diplomatiques confortent également cette démarche, comme pour la France, qui revendique un rôle de protection des chrétiens d'Orient auxquels Léon XIII accorde une grande attention.

**La fin du *Kulturkampf*.** L'élection de Léon XIII correspond à une phase de détente avec l'Allemagne du chancelier Bismarck.
© Bridgeman

La diplomatie du Saint-Siège échoue face au conflit qui oppose les États-Unis et l'Espagne. Ici, des soldats américains débarquent à Cuba.
© Prisma Archivo/Alamy

# 5 LE SAINT-SIÈGE, PUISSANCE MORALE AU SERVICE DE LA PAIX

« Nous ne demandons rien plus ardemment [...] que de pouvoir être effectivement [...] le ministre et le messager de la paix pour l'Europe et pour le monde. Il est certain que, par le caractère de notre haute mission, nous en sommes l'apôtre, le héraut autorisé, parce que la paix, dans les individus, dans les sociétés, est la fille de la justice, qui [...] vit de foi », déclare Léon XIII lors des fêtes de Noël 1894. Il défend ainsi le basculement décisif dont il est l'acteur principal et qui fait du Saint-Siège une puissance morale reconnue par les États. Privée du pouvoir temporel, la papauté récupère une audience internationale en offrant ses bons offices pour sauvegarder la paix, sans perdre de vue la solution possible de la question romaine par ce biais. Le succès est indéniable et les arbitrages se succèdent à partir de 1885 (Allemagne-Espagne, Pérou-Équateur, Haïti-Saint-Domingue, France-Grèce). La diplomatie pontificale échoue en revanche à empêcher l'affrontement armé entre l'Espagne et les États-Unis en 1898 et le pape s'inquiète dans ses derniers écrits des effets délétères de la course aux armements et de la paix armée, comme dans l'encyclique *Parvenu à la vingt-cinquième année*, publiée en français, langue de la diplomatie. La question romaine pèse du reste sur l'action du pape comme le montre l'exclusion du Saint-Siège de la première conférence de la paix de La Haye en 1899 à la demande de l'Italie, peu soucieuse de voir le dossier traité sur la scène internationale. Il n'est donc pas étonnant que les successeurs de Léon XIII renouvellent sa revendication d'un territoire indépendant, même très modeste, jusqu'à la satisfaction obtenue par les accords de Latran en 1929.

# 6 UNE PENSÉE SOCIALE

L'encyclique *Rerum Novarum* « sur la condition des ouvriers » est le texte le plus connu de Léon XIII, à la fois par son écho contemporain et par sa postérité dans l'enseignement des papes jusqu'au XXIe siècle. Sans doute ses prédécesseurs n'avaient-ils pas manqué de condamner la société issue de la Révolution. Mais ils le faisaient selon des catégories philosophiques et politiques. Si le document de 1891 ne rompt pas totalement avec cette approche, il présente des analyses concrètes et suggère des solutions chargées d'enjeux techniques ou politiques (rôle de l'État, nature et niveau du salaire, corporations). Il bénéficie d'une réflexion portée depuis les années 1870 par les milieux intransigeants (Union de Fribourg) et déclenche aussitôt de nombreux débats publics sur ses propositions. Dans le même temps, il suscite un élan militant dans le clergé et la jeunesse des États européens et nord-américains. Très vite, la question sociale et la question politique se croisent à propos du concept de démocratie chrétienne. C'est le cas en France, autour du mouvement des abbés démocrates, comme en Belgique ou en Italie. Partout des initiatives surgissent (organisations économiques, associations ouvrières) et une réflexion se déploie pour proposer une alternative au capitalisme et au socialisme. Mais des résistances surgissent parallèlement et Léon XIII lui-même s'inquiète des choix radicalisés d'une fraction des acteurs italiens et français. Début 1901, à travers l'encyclique *Graves de Communi*, il pose des limites au glissement du social au politique et veut réduire la démocratie chrétienne à l'« action charitable ». Léon XIII n'en demeure pas moins le « pape des ouvriers », dont l'initiative a lancé le mouvement du catholicisme social qui a fait ensuite l'objet de nombreuses recompositions et contestations.

**Le Creusot, une ville ouvrière tournée vers la sidérurgie.** Les Schneider font construire des logements, des écoles et des hôpitaux pour leurs ouvriers. Léon XIII est au courant de toutes ces initiatives quand il rédige son encyclique. © The Picture Art Collection / Alamy

Le long pontificat de Léon XIII, vingt-cinq ans et cinq mois, a contribué à transformer l'image de la papauté.
© Bridgeman

# 7 UNE FIGURE **RESPECTÉE ET VÉNÉRÉE**

En 1860, pour la première fois, l'oratorien anglais Faber parle de la « dévotion au pape » pour désigner le courant d'adhésion et de vénération qui porte les catholiques vers Pie IX. Il enfle au rythme des malheurs du pontife. La définition de la primauté et de l'infaillibilité pontificales par le premier concile du Vatican en 1870 le renforce encore, d'autant que celle-ci est comprise de manière extensive. Léon XIII en bénéficie aussi, même s'il n'endosse pas la dimension sacrificielle reconnue à Pie IX. Sa longévité accroît ensuite sa popularité et son audience dépasse les rangs catholiques, à la différence de son prédécesseur, comme l'atteste l'hommage rendu en 1895 par l'historien républicain et protestant Gabriel Monod au « tranquille, majestueux et fin vieillard qui de sa main débile gouverne sans défaillance la barque de Pierre ». La presse, la littérature pieuse et l'image de dévotion diffusent ses traits et leur donnent une dimension familière en remplaçant la gravure par la photographie. Peu avant sa mort, Léon XIII est même filmé et sa voix enregistrée. Sans être massif, le pèlerinage de Rome progresse grâce au chemin de fer, des pèlerinages ouvriers lancés par Léon Harmel en 1885 au jubilé de 1900 qui aurait réuni 350 000 personnes. Les anniversaires pontificaux (première communion, première messe, sacre épiscopal) mobilisent les croyants du monde entier qui envoient des cadeaux. Il n'est donc pas étonnant que la presse internationale se saisisse en 1903 de la dernière maladie et de la mort du pape (20 juillet). Il faut attendre en revanche 1924 pour que son corps soit transféré dans la basilique Saint-Jean-de-Latran qu'il avait élue pour sa sépulture en raison de l'opposition du gouvernement italien, prompt à suspecter dans ce choix des intentions politiques liées à la question romaine, toujours en suspens.

***CHRISTIAN SORREL***

# Un petit noble dans son siècle : Gioacchino Pecci

**Portrait** ❧ Délégué apostolique, diplomate, archevêque de Pérouse, camerlingue, l'homme qui est élu le 20 février 1878 sur le trône pontifical est porteur d'une riche expérience. Il est issu d'une famille de la petite noblesse provinciale au servide de l'Église.

Vincenzo Gioacchino Pecci, sixième des sept enfants du comte Ludovico Pecci et d'Anna Prosperi Buzzi, est né le 2 mars 1810 à Carpineto Romano, sur les pentes des monts Lépins, au sud de Rome. Le bourg appartient alors au département du Tibre, créé par la France au lendemain de l'occupation des États pontificaux dans le cadre du conflit entre Napoléon Ier et Pie VII. Après la chute de l'Empire et la restitution au pape de ses terres, la famille Pecci, représentative de la petite noblesse provinciale, renoue avec sa vocation de service de la papauté.

Comme son frère Giuseppe, Gioacchino (Joachim) est destiné à une carrière ecclésiastique, qui n'implique pas nécessairement le sacerdoce, mais exige la tonsure. Il reçoit celle-ci dès 1821, à onze ans, alors qu'il est scolarisé chez les jésuites de Viterbe. En 1824, il revêt l'habit ecclésiastique et débute un cursus supérieur au Collège Romain, fleuron de la Compagnie de Jésus. Il découvre alors la Rome de Léon XII, en quête d'une sacralité renouvelée par le jubilé de 1825, qui vise à réparer les outrages révolutionnaires. Mais la menace revient dès 1831 sous le règne de Grégoire XVI, qui organise la répression avec l'appui de l'Autriche de Metternich. En 1832, Gioacchino Pecci rejoint l'Académie des nobles ecclésiastiques et entreprend des études juridiques à l'université de la Sapienza. Il se prépare ainsi aux hautes fonctions du gouvernement et de la diplomatie avec l'appui de protecteurs, les cardinaux Sala et Pacca. L'année 1837 marque la fin des études et l'entrée dans la prélature avec le rang de prélat domestique et des postes qui s'enchaînent à la Signature de Justice, à la Congrégation du *Buon Governo* puis à celle du Concile. Elle consacre aussi le choix du sacerdoce, amorcé par la réception des ordres mineurs en 1834 dans le sillage de son frère. S'il ne renonce pas à une stratégie profitable à sa famille, dont il se préoccupera toujours, il affirme aussi vouloir être « un vrai prêtre », conscient de la « sublimité » du sacrement reçu le 31 décembre 1837 des mains du cardinal Odescalchi, vicaire de Rome. La vocation scelle la carrière ecclésiastique décidée par ses parents.

Page de droite, **les Pecci au service de la papauté.** Gioacchino est né dans une famille de la petite noblesse provinciale. Dessous, sa maison natale à Carpineto Romano.


## Délégué apostolique dans les États pontificaux

Début 1838, Pecci est nommé délégué apostolique au Bénévent, une enclave pontificale dans le royaume des Deux-Siciles, pour représenter le pape et contrôler l'administration dans un État archaïque et inefficace. La tâche est d'autant plus délicate que le territoire, revendiqué par les Bour-

bons de Naples, est miné par le brigandage et la contrebande, avec la complicité de nobles, et déstabilisé par les révolutionnaires de la Charbonnerie et de la Jeune Italie de Mazzini. D'emblée, le délégué se propose d'arrêter les acteurs les plus compromis et de les traduire en justice à Rome. Mais le secrétaire d'État Lambruschini, soucieux de ménager le roi Ferdinand II, l'en dissuade. Pecci apparaît dès lors fragile, d'autant qu'il souffre des fièvres répandues en Campanie. Il remporte néanmoins des succès contre les brigands et les nobles, développe les routes et révise le cadre légal et les finances.

Trois ans après son arrivée, Pecci est nommé à Spolète où il réussit à ne pas aller pour occuper un poste similaire à Pérouse. Désormais rodé à la pratique administrative, il se révèle plus efficace et impose des changements, dans l'esprit du *Buon Governo* revendiqué par la papauté pour légitimer le pouvoir temporel, malgré les doutes des puissances européennes. En une année, il réforme la justice et l'administration communale, promeut le réseau routier et crée une •••

caisse d'épargne pour combattre l'usure selon un modèle diffusé à partir de la France. En décembre 1842, la carrière de Pecci semble bifurquer vers la diplomatie. Il est en effet promu nonce apostolique à Bruxelles après le refus du roi Léopold Ier d'agréer Mgr Garibaldi, un homme d'expérience, internonce à Paris, en remplacement de Mgr Fornari, lui aussi homme d'expérience, transféré dans la capitale française. Pecci est aussitôt revêtu de la dignité épiscopale avec le titre d'archevêque de Damiette.

## Nonce apostolique à Bruxelles

Décrit par Fornari, qui fut son professeur à l'Académie des nobles ecclésiastiques, comme un prélat de «grande piété» et de «grand talent», mais «un peu timide de caractère», il affronte une fois encore une situation tendue, dans une société différente de son pays natal. La Belgique, indépendante depuis 1830 et bousculée par l'économie industrielle, est une monarchie constitutionnelle qui opte pour la liberté de culte et d'enseignement, tandis qu'une partie des catholiques choisit la démocratie. Dès son arrivée, Pecci est confronté au dossier scolaire à propos de la désignation des jurys d'examen que les libéraux veulent modifier pour affaiblir l'influence des catholiques. Il soutient la lutte des évêques et du parti catholique qui l'emportent au Parlement début 1844. La cour et le gouvernement apprécient peu la posture du nonce, qui menace l'alliance des libéraux modérés et des catholiques, et un mémoire adressé à Rome fin 1844 demande son rappel en l'accusant d'outrepasser son rôle. La Secrétairerie d'État réagit quelques mois plus tard, alors que le nonce à Vienne relaie les critiques de l'ambassadeur autrichien à Bruxelles, convaincu que Pecci, sans autorité ni efficacité, dessert les intérêts de l'ordre et de la religion. L'argument est redoutable sous le pontificat de Grégoire XVI. Le 19 janvier 1846, le pape nomme Pecci évêque de Pérouse en invoquant le souhait de ses anciens administrés.

**Nonce en Belgique.** L'expérience du nonce Pecci est courte mais décisive. Il découvre l'industrie et la misère ouvrière.
© Wikicommons

Si l'expérience belge se révèle un échec, elle a sans doute constitué un temps d'apprentissage décisif avec la découverte du chemin de fer, de l'industrie, de la misère ouvrière et de l'action politique des catholiques armés des libertés modernes. Elle entraîne un changement d'orientation forcé, de la diplomatie à l'action pastorale. Une partie des biographes de Léon XIII y voient du reste le chemin de la conversion du prélat carriériste en véritable homme d'Église. Mgr Pecci, monté sur un cheval blanc, entre dans sa ville épiscopale le 27 juillet 1846, peu après l'élection de Pie IX dont il ne sera jamais proche.

## L'évêque de Pérouse

Avec quatre-vingt mille habitants, le diocèse est modeste. Mais il n'est pas étranger à l'agitation qui soulève l'Italie sous l'influence des francs-maçons, des libéraux et des mazziniens à l'heure du Printemps des Peuples. Alors que le pape, menacé par les républicains, quitte Rome fin 1848, l'évêque évite les attitudes durcies. En 1849, il sollicite la clémence des Autrichiens pour les partisans de Mazzini qui ont occupé Pérouse. Le retour de Pie IX à Rome en 1850 et la politique conservatrice du secrétaire d'État Antonelli renouvellent les oppositions au long de la décennie suivante. À la suite du déclenchement de la guerre entre le Piémont et l'Autriche au printemps 1859, l'Ombrie se révolte. Alors que le délégué apostolique s'enfuit, Pecci reste à Pérouse, bientôt reprise par les troupes pontificales au prix d'une répression sanglante. Mais

**En Campanie, contre les brigands.** Pecci est nommé délégué apostolique au Bénévent. Ici, les troupes pontificales surprennent des brigands. Tableau de 1831. © Alamy

l'armée piémontaise s'empare de la ville le 14 septembre 1859 : l'évêque et ses diocésains deviennent sujets du roi de Piémont puis d'Italie. Pecci, qui n'a jamais été favorable à l'unité italienne, à la différence du Pie IX de 1847-1848, demeure le défenseur du pouvoir temporel du pape, vu comme la condition de son indépendance spirituelle, et condamne la laïcisation de l'État monarchique. Il fait preuve cependant de modération face à Victor-Emmanuel II et se consacre surtout à sa mission pastorale.Créé cardinal en 1853, Pecci n'évite pas la tendance autoritaire et centralisatrice caractéristique du milieu du siècle. Il visite toutes les paroisses six fois. Il rappelle sans cesse leurs devoirs aux fidèles dont il déplore les graves défauts à son arrivée. Il promeut une piété sensible établie sur le culte de la Vierge et du Sacré-Cœur. Il se préoccupe aussi des conditions économiques en favorisant des confréries d'assistance, des coopératives agricoles et des monts-de-piété, ne serait-ce que pour pallier les déficiences de l'administration pontificale jusqu'en 1859.

## La route de Rome

La rechristianisation de la société exige un clergé mieux formé et apte à répondre aux changements en obéissant à l'évêque, comme le montre le programme de réformes élaboré en 1867 pour tout

●●● le pays. Pecci accorde en conséquence une grande attention à son séminaire. Aidé par son frère Giuseppe, jésuite puis prêtre séculier, il combat l'ontologisme de l'abbé Gioberti qui fait reposer la connaissance de Dieu sur l'intuition de l'intelligence humaine et lui oppose la doctrine de saint Thomas d'Aquin qui valorise le raisonnement en partant de l'expérience des choses créées. Pérouse s'impose ainsi très tôt comme un foyer du renouveau thomiste.

Avant comme après 1859, Pecci reste à distance des positions de Pie IX et d'Antonelli dont le raidissement s'accroît face aux défis de l'unité italienne et de la modernité intellectuelle. En 1849, il s'interroge sur l'opportunité de la définition dogmatique de l'Immaculée Conception, au risque de désavouer les théologiens du passé, et d'abord saint Thomas. En 1864, il propose d'interpréter l'encyclique *Quanta Cura* et le catalogue des erreurs modernes (*Syllabus*) en fonction du contexte socio-politique. En 1869-1870, il se tient en retrait des partis qui

**En témoignent ses lettres pastorales qui refusent la séparation entre la société religieuse et la société civile en condamnant la déification de l'État.**

① **Pecci est nonce à Bruxelles.** Ici, un marché sur la Grand-Place. © Alamy

② **Puis archevêque de Pérouse.** Lors de l'unification italienne, la ville est secouée par de violents combats. © Alamy

③ **Pérouse sera finalement rattachée** au Piémont puis à l'Italie. Vue de la place du IV novembre. © Alamy

④ **Léopold Ier, roi des Belges.** Le nonce est proche de la famille royale. © Wikicommons

s'affrontent au premier concile du Vatican et, sans refuser l'infaillibilité pontificale, il défend l'autorité du corps épiscopal. Après l'entrée de l'armée italienne dans Rome le 20 septembre 1870, il développe un projet de rencontre entre l'Église et le monde moderne, intransigeant sur le fond, transigeant sur la forme. En témoignent ses lettres pastorales de 1876, 1877 et 1878 qui refusent la séparation entre la société religieuse et la société civile en condamnant la déification de l'État, les systèmes économiques tournés vers le profit et le travail inhumain pour fonder le progrès authentique et la vraie civilisation sur l'Évangile. Leur écho n'est pas négligeable et elles attirent l'attention sur une personnalité encore peu connue, même si l'ancien président du Conseil italien Rattazzi, disparu en 1873, avait salué naguère sa « valeur indiscutable ».

Depuis 1869 au moins, pour des motifs de santé, le cardinal Pecci souhaite rejoindre Rome en obtenant l'un des sept sièges épiscopaux suburbicaires proches de l'*Urbs* ou, du moins, avoir un auxiliaire. Il échoue régulièrement dans le premier projet et l'auxiliaire qui lui est donné fin 1871 meurt début 1874. Il doit attendre juin 1877, après la mort d'Antonelli qui le jugeait trop conciliant, pour que Pie IX lui accorde un nouvel auxiliaire et lui permette de résider à Rome (il restera évêque de Pérouse jusqu'en février 1880).

Le pape refuse en revanche à Pecci la fonction de pro-dataire, chargé des grâces, qu'il briguait. Mais il le nomme en septembre 1877 camerlingue, un poste aux attributions limitées par la disparition des États pontificaux à la période de transition qui suit la mort du pape dans l'attente du conclave. Ce rôle n'en est pas moins important, surtout quand le pape régnant a dépassé les quatre-vingt-cinq ans, et l'on ne peut que s'interroger sur le choix par Pie IX d'un homme différent de lui et largement étranger à la curie. Voulait-il neutraliser les partis en présence dans une conjoncture internationale inédite en recourant à une personnalité de rang modeste ? Voyait-il en lui un successeur possible, d'autant qu'il semble avoir eu conscience de la nécessité d'emprunter un autre chemin sans avoir la force de l'ouvrir lui-même ? Quoi qu'il en soit, six mois plus tard, le 7 février 1878, il meurt. Le 20 février, le cardinal Pecci devient le pape Léon XIII.

***CHRISTIAN SORREL***

**Un conclave très court, un pontificat très long.** Huit ans après la chute de la Rome pontificale, le conclave pour élire le successeur de Pie IX se déroule au Vatican. Il dure deux jours et Léon XIII (en bas) succède à Pie IX (en haut, collection Félix Potin). © Wikicommons & Alamy

# Léon XIII, nouveau pape d'une Église assiégée

**Élection** Si, lors du conclave, le choix des soixante-et-un cardinaux électeurs se porte rapidement sur le cardinal Pecci, l'atmosphère dans les couloirs du Vatican reste empoisonnée par la question romaine.

Entre deux pontificats parmi les plus longs de l'histoire – trente-deux années pour Pie IX, vingt-cinq pour Léon XIII – un conclave des plus courts : deux jours, trois tours de scrutin. S'il est bref, le conclave des 19 et 20 février 1878 est tout sauf banal. Il est le premier à se dérouler au Vatican depuis la prise de Rome par les troupes italiennes, le 20 septembre 1870. Si bien qu'à la mort de Pie IX, la question s'est posée : le conclave pourra-t-il avoir lieu dans un Vatican réduit à l'état de citadelle au milieu de « *Roma capitale* » ? Le gouvernement italien annonce alors que la Loi des Garanties, par laquelle le royaume d'Italie garantit au pape de pouvoir régner librement dans le Vatican, est élevée au rang de loi constitutionnelle. Une manière de faire savoir, *urbi et orbi*, si l'on peut dire, que le conclave pourra se faire sans entrave. Un autre élément vient ajouter à la singularité de ce moment historique. Victor-Emmanuel II est mort le 9 janvier 1878. Un mois avant son adversaire historique, le pape Pie IX, qui s'éteint le 7 février. Étrange double deuil qui frappe en même temps la capitale de la nation italienne et la capitale du monde catholique. Le 16 février, une cérémonie funèbre et triomphale se déroule dans l'antique et vaste coupole du Panthéon de Rome, où reposera le premier roi d'Italie. Or, les royales obsèques coïncident exactement avec les funérailles du feu pape, sous une autre coupole, celle de Saint-Pierre.

Les *Novendiale*s commencent le quatrième jour après le trépas du pontife et durent neuf jours – comme l'indique leur nom. Puis le cercueil de Pie IX est déposé provisoirement dans la basilique vaticane, car il n'est pas possible de procéder à l'inhumation définitive qui doit se faire, selon le vœu du feu pape, dans la basilique Saint-Laurent-hors-les-Murs. Le transfert à travers la Ville n'aura lieu qu'en 1881 et donnera lieu à de violents incidents.

Peu après la mort de Pie IX, une rumeur se répand : les cardinaux romains seraient sur le point d'élire le nouveau pape immédiatement – ce qu'on appelle une élection *presente cadavere* (en présence du cadavre). Aussitôt, le chancelier Bismarck, tout à l'exaltation de son *Kulturkampf* contre l'Église, fait entendre sa grosse voix à travers l'Europe et met en doute par avance la légitimité du futur pape. La rumeur, qui était totalement fausse, met surtout en lumière les vives tensions politiques et religieuses de l'Europe du temps. Au terme d'un interrègne assuré par le camerlingue, le cardinal Pecci, les soixante-et-un cardinaux, dont sept Français, entrent en conclave le soir du 18 février. Dans la chapelle Sixtine, l'*extra omnes* est prononcé à 19 heures. Le premier scrutin n'a lieu que le lendemain matin. Vingt-trois voix se portent sur l'archevêque de Pérouse, tandis que la vingtaine de cardinaux *zelanti*, ou intransigeants, dispersent leurs votes. Leur principal « candidat », Bilio, n'a que sept voix. L'après-midi, un nouveau scrutin donne trente-huit voix à Pecci. L'élection est acquise le matin du 20 février, par quarante-quatre voix, trois de plus que la majorité.

## Vives tensions

À 14 heures 30, devant une foule surprise par la rapidité du conclave, s'ouvre la fenêtre de la loggia de Saint-Pierre. Le cardinal Catterini annonce d'une voix faible que le cardinal Pecci est le nouveau pape et qu'il s'est donné le nom de Léon XIII. Le nouveau pontife rend ainsi hommage à Léon XII (1823-1829) pour lequel il a conçu une grande admiration depuis le temps où, en 1824, il faisait lui-même ses débuts à l'Académie des nobles ecclésiastiques (l'école des nonces).

Le gros bourdon de la basilique s'ébranle ; bientôt les cloches de toutes les églises de Rome lui répondent. Mais en raison de la Question romaine et des vives tensions entre la Rome italienne et la papauté, le nouveau pape ne paraîtra pas à l'extérieur de la basilique. Il viendra bénir les fidèles vers l'intérieur, depuis le balcon qui domine le narthex et donne sur la vaste nef. Le 3 mars, on renonce même à célébrer le couronnement dans la basilique. Tous les rites se dérouleront, de façon quelque peu étriquée, dans la chapelle Sixtine.

Ainsi commence un pontificat qui devait durer un quart de siècle. Élu, exalté, vénéré, mais prisonnier, l'évêque de Rome ne franchira plus les murs du Vatican. En revanche, il y recevra les visites de catholiques plus nombreux que jamais, grâce à l'essor des pèlerinages. Et de cette Rome obsidionale se répandront dans le monde les paroles du lointain successeur de Léon le Grand, celui qui avait dit : « Pierre a parlé par la bouche de Léon ! »

***YVES BRULEY***

# Le Saint-Siège devient une puissance morale

**Paradoxe** Avec l'unité italienne, le Saint-Siège perd ses attributs d'État souverain. Pourtant, détaché des enjeux territoriaux, il gagne une nouvelle autorité morale sur le plan international.

orsque Léon XIII est élu, le 20 février 1878, l'autorité doctrinale du 256e successeur de Pierre est à son sommet. Les efforts de Pie IX lui ont valu une primauté sans équivalent depuis les origines, notamment après la proclamation du dogme de l'infaillibilité pontificale en 1870. Pourtant, la position internationale et diplomatique du siège apostolique est affaiblie. Si l'intransigeance doctrinale du défunt pontife lui a, avec le *Syllabus* publié en 1864, valu une immense popularité parmi ses fidèles, l'influence du Saint-Siège est entravée par l'unification de la péninsule. L'entrée dans Rome des Italiens, le 20 septembre 1870, fait disparaître un État millénaire. Comment combiner la fermeté théologique, pour ne pas défaire l'œuvre du pape Mastai, et la clairvoyance face aux signes des temps pour tenir compte de l'évolution des esprits afin de permettre la réintégration du Saint-Siège dans le concert international ? Tels sont les défis pour le nouveau pontife.

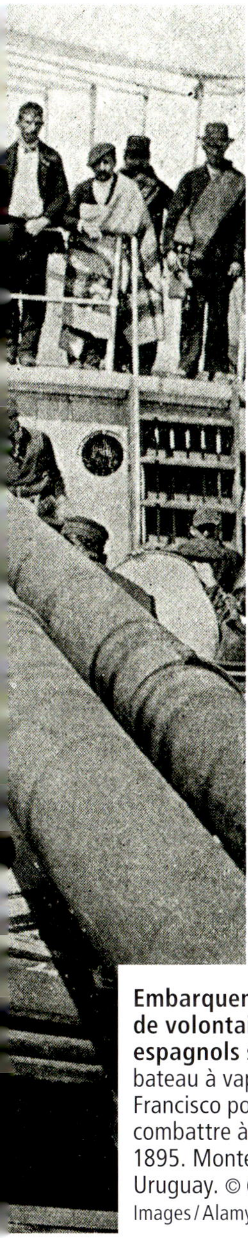

**Embarquement de volontaires espagnols** sur le bateau à vapeur San Francisco pour aller combattre à Cuba, 1895. Montevideo, Uruguay. © Old Books Images / Alamy

Le nom de Léon XIII, qui a valeur de programme, atteste que le nouvel élu souhaite relever le gant. Il se place sous les auspices de Léon le Grand, le pape du Ve siècle qui avait promu la Rome chrétienne et la primauté de Pierre parmi les nations, et de Léon XII, le pape de sa jeunesse, pontife intransigeant qui, régnant de 1823 à 1829, revendiquait, dans la bulle d'indiction du jubilé de 1825, d'*instaurare omnia in Christo.* Tout restaurer dans le Christ : la formule sera reprise tant par Léon XIII dans *Rerum novarum* que par Pie X dans sa première encyclique. Le grand dessein léonien qui tend à rendre sa place à l'Église catholique romaine se situe donc dans une perspective intransigeante, celle d'une institution sûre de son droit et de la vérité de sa doctrine. La restauration qu'il projette durant ses vingt-cinq années de pontificat ne manque ni de romantisme (Joachim Pecci avait trente ans en 1840), ni d'un certain caractère utopique. Ce pape a en effet conservé de sa jeunesse une nostalgie pour la *Respublica christiana* disparue avec le Moyen Âge, au centre de laquelle, selon les apologistes catholiques du premier XIXe siècle, se serait trouvé le siège apostolique. Selon cette vision néoguelfe – on se souvient de ce mouvement qui, au début du pontificat de Pie IX, souhaitait confier à celui-ci la présidence d'une confédération d'États italiens –, l'Église catholique a un rôle spécifique à jouer tant elle est, comme l'affirme l'encyclique *Sapientia christiana* que Léon XIII publie en 1890, « une société divinement constituée et organisée d'une manière admirable, ayant pour but direct et prochain de mettre les âmes en possession de la paix et de la sainteté ».

## « Chapelain du roi d'Italie »

Certes, comme son prédécesseur, le nouveau pape ne cesse, face à l'Italie, de revendiquer la souveraineté territoriale du Saint-Siège et, en signe de protestation, reste enfermé dans le Vatican d'où sa dépouille ne sortira que bien plus tard pour être ensevelie en face de celle d'Innocent III dans la basilique du Latran, la cathédrale des papes. Léon XIII critique aussi les insuffisances résultant de l'adoption par le Parlement italien de la loi des garanties de 1871, estimant précaires et insuffisants le statut privilégié et les immunités accordés unilatéralement au Saint-Siège par le royaume d'Italie. Plus que le regret d'une puissance territoriale dont l'expérience avait montré les limites, ce dont la curie était bien consciente, cette intransigeance résultait de l'attachement à l'ecclésiologie catholique en vertu de laquelle, s'il est le primat d'Italie, le pontife romain exerce une juridiction et un ministère universels qui ne peuvent se limiter aux fonctions de « chapelain du roi d'Italie ». Il importe donc qu'aux yeux du monde entier, le Saint-Siège puisse attester de son indépendance par rapport à l'État nouvellement unifié. ●●●

**Le grand dessein léonien qui tend à rendre sa place à l'Église catholique se situe dans une perspective intransigeante, celle d'une institution sûre de son droit et de la vérité de sa doctrine.**

**Oncle Sam protège les bons insurgés.** Le pape intervient pour régler le conflit qui oppose Espagnols et Américains lors de la guerre d'indépendance de Cuba. Caricature, 1898.
© Bridgeman

●●● Au surplus, occupant le plus haut trône de l'univers, le pontife romain exerce un magistère sublime qui, par-delà sa mission purement religieuse, s'étend à toutes les questions qui permettent d'assurer le bon fonctionnement de la société et la paix à l'humanité. De là l'insistance du pape à exercer toute la puissance morale dont est investie la chaire de Pierre. Dans l'encyclique *Praeclara gratulationis* (1894), il souligne qu'au nom de cette Église, « mère et médiatrice des peuples et des gouvernants », il a pour mission de se «rattacher plus étroitement les peuples et de mettre en évidence cette vérité que l'influence du pontificat romain est salutaire à tous égards ».

## Le grand dessein

La disparition de la souveraineté territoriale sert, paradoxalement, en le transformant en une puissance dotée d'une autorité purement morale détachée des querelles territoriales, le grand dessein de Léon XIII qui, comme il aime à le répéter, tend à réconcilier papauté et société moderne. Du reste, le Vatican tente, aux alentours de 1887, de trouver une solution à la question romaine, mais il se heurte au refus de toute concession italienne. Autorité internationale dotée d'une compétence universelle, le Siège apostolique bénéficie, dans son entreprise de réinsertion dans le concert interétatique, de l'absence d'organisations internationales structurées. Celles qui sont destinées à la pacification des relations internationales ne verront le jour qu'après 1918 avec la Société des Nations et plus encore après 1945 avec la galaxie des organisation onusiennes. Le besoin de se référer à une autorité affranchie des compétitions temporelles ne rend que plus crédible le propos du pape de Rome, qui souhaite contribuer, par son autorité morale, à la pacification des conflits internationaux.

Celui qui, lors de son sacre, s'était vu qualifié comme ses prédécesseurs de « père des princes et des rois, maître du globe et vicaire du Sauveur sur la terre (*pater principum et regum, rector orbis in terra vicarius*

**Durant les années 1890, Léon XIII est à plusieurs reprises sollicité par des États pour contribuer par ses bons offices à régler les différends internationaux.**

**Troupes du 24e U.S. Infantry** à Cuba pendant la guerre hispano-américaine. © ZUMA Press / Alamy

**Un différend colonial dans le Pacifique.** En 1885, le pape est sollicité pour régler un différent colonial entre l'Espagne et l'Allemagne, à propos des îles Carolines. © JMR

*salvatoris)* », est sollicité en 1885 par l'Allemagne et l'Espagne pour contribuer à la résolution d'un différend colonial relatif aux îles Carolines. La solution préconisée par le pape médiateur, qui permet un règlement amiable, lui vaut une immense renommée. Durant les années 1890, Léon XIII est à plusieurs reprises sollicité par des États pour contribuer par ses bons offices ou sa médiation à régler des différends internationaux. C'est ainsi qu'en 1898, il intervient pour trouver une issue pacifique à la guerre survenue entre l'Espagne et les États-Unis d'Amérique au sujet de Cuba. Ces interventions réitérées – elles se poursuivront sous le pontificat de Pie X – affermissent la position du Saint-Siège au point qu'il est invité à participer à la première conférence de la paix de La Haye en 1899. Certes, l'opposition de l'Italie empêchera Léon XIII d'y envoyer un représentant, mais un échange de lettres avec la reine des Pays-Bas reconnaît explicitement le rôle du Saint-Siège, qui apporte son appui moral à la réunion. À cette époque, le cardinal secrétaire d'État Rampolla souligne que le Siège apostolique constitue « la plus haute puissance morale de la terre ». Il n'est pas le seul à le faire : en 1896, un congrès pacifiste réuni à Budapest avait envoyé au Vatican une adresse reconnaissant la contribution du Saint-Siège à la préservation de la paix.

Quel fut le résultat de cette politique de réconciliation ? Une modification de la perception de l'action de la papauté, à n'en pas douter. En 1902, un publiciste catholique peut écrire que Léon XIII, « ayant trouvé la papauté humiliée et sa grandeur méconnue, lui a rendu tout le prestige moral qu'elle avait pu avoir au temps de sa plus grande puissance ». Certes, d'aucuns continuaient à penser, à l'instar du protestant Franck Puhaux en 1903, que, contrairement à une idée répandue alors, Léon XIII « n'était pas le directeur des mouvements populaires de ce temps, mais le défenseur des traditions les plus conservatrices ». Il n'en reste pas moins que la puissance morale regagnée par le Siège apostolique fit qu'en juillet 1903, selon l'expression du prélat Maurice Landrieux, on vit « le monde entier recueilli devant Léon XIII mourant ».

**JEAN-MARC TICCHI**
*docteur en histoire*

# En Allemagne, Bismarck renonce au *Kulturkampf*

**Prusse** Au moment de l'élection de Léon XIII, l'offensive de l'État contre l'Église catholique faiblit en Allemagne. Le nouveau pape cherche aussi l'apaisement. Il veut briser l'isolement international du Saint-Siège.

Pour l'Allemagne comme pour la France, les choix de Léon XIII renvoient tout à la fois à l'évaluation de la situation des catholiques dans la société et à l'appréciation des intérêts du Saint-Siège dans le jeu des puissances.

Au moment où le cardinal Pecci est élu pape, les catholiques allemands sont victimes du *Kulturkampf* (« combat pour la civilisation »). Lancé dès 1871 par le chancelier Otto von Bismarck, il entend marginaliser la minorité catholique, présente surtout à la périphérie du nouvel Empire, pour consolider l'unité réalisée autour de la Prusse luthérienne par l'exclusion de l'Autriche du projet allemand (1866) et la guerre contre la France (1870). Des mesures législatives, notamment les « lois de mai » (1873), ont imposé la tutelle de l'État à l'Église, exilé les jésuites et les congrégations proches d'eux et entravé les relations avec le Saint-Siège. Mais la résistance confessionnelle, guidée par le parti catholique (Zentrum) et facilitée par un réseau associatif développé, a été immédiate. Dès 1878, l'offensive étatique faiblit et le premier objectif du nouveau pape est de promouvoir l'apaisement.

Dans le même temps, Léon XIII espère pouvoir briser l'isolement du Saint-Siège privé du pouvoir temporel, l'ériger en puissance morale et obtenir la solution de la « question romaine » en l'internationalisant. La curie n'est pas unanime sur la stratégie et des groupes d'influence se forment. Le parti allemand, représenté notamment par Luigi Galimberti, nommé secrétaire de la Congrégation des Affaires ecclésiastiques extraordinaires en 1885, défend le rapprochement avec l'Allemagne, le soutien à la Triple Alliance (Allemagne, Autriche-Hongrie, Italie) nouée en 1882 et la possibilité d'un accord avec l'Italie sous l'égide de l'Allemagne. Le parti français, autour de

**Le chancelier Bismarck** voulait placer l'Église allemande sous la tutelle de l'État. Devant l'échec de sa politique, il renonce. © History and Art collection/Alamy

Włodzimierz Czacki, nonce apostolique à Paris en 1879 et cardinal de curie en 1882, s'y oppose avec l'aide du parti polonais, identifié à l'archevêque de Gniezno et Poznań puis préfet de la Congrégation de la Propagande, le cardinal Mieczysław Ledóchowski, expulsé de Prusse en 1876. Le pape, qui gouverne avec autorité et s'appuie sur une garde rapprochée venue de Pérouse, joue entre ces tendances pendant une dizaine d'années.

**Le cardinal Mariano Rampolla** souhaite un rapprochement avec la France pour réduire l'influence allemande sur l'Autriche-Hongrie et isoler l'Italie. © Wikicommons

## Soutien du Zentrum

Au cours de la décennie 1880, la ligne Galimberti semble progresser. En 1885, l'Espagne demande au pape d'être l'arbitre de son différend avec l'Allemagne sur les îles Carolines, point d'appui des routes maritimes dans le Pacifique Sud. Bismarck, qui prend la mesure de l'échec du *Kulturkampf* et a besoin du soutien parlementaire du Zentrum face aux socialistes, accepte la médiation, favorable à la reconnaissance de la souveraineté espagnole contre la garantie de droits commerciaux pour l'Allemagne. Galimberti pousse aussitôt l'avantage et obtient en 1887 le démantèlement des mesures hostiles à l'Église catholique. Léon XIII le soutient, malgré les critiques au sein de la curie et la résistance du chef du Zentrum, Ludwig Windthorst, dont le pape apprécie peu la volonté d'autonomie sur le terrain politique. Alors que le secrétaire d'État Jacobini, âgé et malade, disparaît en février 1887, le parti allemand et l'Allemagne espèrent son remplacement par Galimberti. Mais le pape, qui ne veut pas pousser la dépendance trop avant, choisit en juin 1887 Mariano Rampolla del Tindaro, créé cardinal trois mois plus tôt. Celui-ci est hostile à la Triple Alliance et plaide le rapprochement avec la France pour réduire l'influence allemande sur l'Autriche-Hongrie, puissance catholique, et isoler l'Italie.

**Ludwig Windthorst dirige le Zentrum.** Bismarck a besoin de l'aide du parti catholique contre les socialistes. © The history collection/Alamy

La nomination du nouveau secrétaire d'État n'élimine pas aussitôt la compétition entre les partis. Galimberti est nommé nonce apostolique à Vienne avec la charge de poursuivre les contacts avec le monde germanique dans son ensemble. Créé cardinal en 1893 et rappelé à Rome, il conserve une certaine influence jusqu'à sa mort en 1896. Mais la ligne de Rampolla s'impose, surtout à partir de 1890-1892 avec la stratégie du ralliement des catholiques français à la République, d'autant qu'il acquiert une influence décisive sur le pape dont le cabinet des Pérugins est peu à peu démantelé. Les relations nouées avec l'Allemagne ne sont pas rompues pour autant et l'empereur Guillaume II rencontre Léon XIII au Vatican en 1888, 1893 et 1903, ce qu'un prince catholique ne pouvait pas faire sans cautionner la dépossession de 1870. Dans le même temps, le rapprochement entre le Zentrum et le gouvernement impérial se poursuit et le catholicisme allemand, très actif, acquiert une reconnaissance sociale accrue.

*C. S.*

# Des compromis pour amadouer la Russie

**Orthodoxie** ✽ Sous le pontificat de Léon XIII, les relations entre la Russie tsariste et le Saint-Siège traversent une période de détente. Le prix à payer est l'acceptation de plusieurs revendications russes.

Les partages de la Pologne à la fin du XVIIIe siècle, dont une partie revient à la Russie, font que le catholicisme devient important dans l'empire des tsars. Cela amène Saint-Pétersbourg à entretenir des liens diplomatiques, quoique inégaux, avec le Saint-Siège : il y a un représentant russe à Rome, mais pas de nonce en Russie. Un concordat signé en 1847 reconnaît sept évêchés catholiques dans le pays. Mais la répression de l'insurrection polonaise de 1863 et la suppression de trois diocèses entraînent la rupture de ces relations en 1866. Puis l'évêché gréco-catholique (uniate) de Chelm est rattaché d'office à l'orthodoxie en 1875. La situation est donc difficile lorsque Léon XIII devient pape.

Il se place tout d'abord dans la continuité de Pie IX, qui misait sur l'unionisme, c'est-à-dire l'objectif de réunir les Églises orientales dissidentes dans le giron romain. C'est le sens de l'encyclique *Grande Munus* (30 septembre 1880), demandant « que Cyrille et Méthode soient priés et invoqués dans le monde entier [...] en inspirant aux dissidents le désir de se réconcilier avec la véritable Église ». C'est aussi l'esprit de la lettre apostolique *Praeclara gratulionis, Sur la réunion de la chrétienté entre Orient et Occident* (20 juin 1894), seul texte pontifical d'ailleurs traduit entièrement en russe. Toutefois, il est mal reçu par les orthodoxes. Un dernier document concerne les gréco-catholiques et leurs relations avec le catholicisme latin.

Mais Léon XIII cherche en même temps la détente avec la Russie. Après deux ans de négociations, un « arrangement préliminaire » est conclu à Vienne le 31 octobre 1880 pour résoudre la crise de 1866, mais les trois évêchés supprimés ne sont pas rétablis. Puis quatre déclarations communes sont signées à Rome le 24 décembre 1882 : elles portent surtout sur les nominations d'évêques et de professeurs de séminaires.

## Le sort des uniates

Cependant, ces accords, peu avantageux pour les catholiques, valident des changements imposés de manière unilatérale, voire violente, par la Russie. Il est alors reproché à Léon XIII « d'avoir sacrifié le sort des uniates à des avantages partiels pour le catholicisme romain ». Mais pour le pape, « le refus d'adhérer aux propositions de la Russie » ne l'aurait pas empêchée d'agir à sa guise ; il valait donc mieux « obtenir le peu qu'il [...] était possible d'obtenir ».

Cette diplomatie de compromis débouche néanmoins sur une détente avec Saint-Pétersbourg. En 1883, puis en 1896, un représentant du pape assiste aux couronnements des tsars Alexandre III et Nicolas II. Début 1888, un diplomate russe officieux arrive à Rome. Puis Léon XIII, par l'encyclique *Caritas Providentiaeque* (19

**Un représentant du pape assiste aux couronnements des tsars Alexandre III et Nicolas II. Début 1888, un diplomate russe officieux arrive à Rome.**

**Les treize martyrs de Pratulin.** Le 24 janvier 1874, les soldats russes tirent sur des paysans uniates désarmés s'opposant à l'intégration de leur paroisse dans l'Église orthodoxe. © Picture Art collection / Alamy

mars 1894), demande aux évêques polonais d'« observer religieusement la législation de l'État [russe] » et les invite à mettre en œuvre les orientations de *Rerum novarum*. Rappelant aux Polonais ses efforts pour « améliorer la situation du catholicisme dans [leurs] contrées », le pape les incite à « créer un climat de paix ». Peu après, le diplomate russe à Rome est promu « ministre résident ».

En revanche, il n'y a toujours pas de nonciature en Russie. Les élites polonaises s'opposent d'ailleurs à son ouverture, de crainte que son titulaire soit impressionné par « les cérémonies du culte schismatique » et qu'il ne se fasse pas « une idée claire et précise de la situation de l'Église catholique en Russie ».

Cela n'empêche pas la détente de prendre d'autres formes. En août 1898, une circulaire du ministre russe de la Justice, Nikolaï Mouraviev, annonce l'ouverture de la conférence internationale de la paix à La Haye à tous les États représentés à Saint-Pétersbourg. Le Saint-Siège, qui ne l'est pas, la reçoit également, ce qui atteste une reconnaissance de son rôle dans la défense de la paix. Toutefois, des Italiens, hostiles à la venue d'un représentant pontifical à La Haye, obtiennent gain de cause. Malgré la détente, les améliorations concrètes pour les catholiques s'avèrent rares. Une convention de 1897 revient sur les questions controversées de la place du russe dans la liturgie et de l'enseignement des séminaires de Pologne. Le Saint-Siège fait des compromis : présence d'un « représentant du pouvoir et de l'autorité scolaire » aux examens de langue, de littérature et d'histoire russes dans les séminaires ; culte en latin dans le diocèse de Minsk (signifiant un recul du polonais) ; lecture des manifestes impériaux dans les églises, s'ils ne sont pas contraires à la doctrine catholique.

Le pontificat de Léon XIII se caractérise donc par une détente notable dans les relations entre le Saint-Siège et la Russie, mais au prix de l'acceptation romaine de plusieurs revendications russes.

***XAVIER BONIFACE***

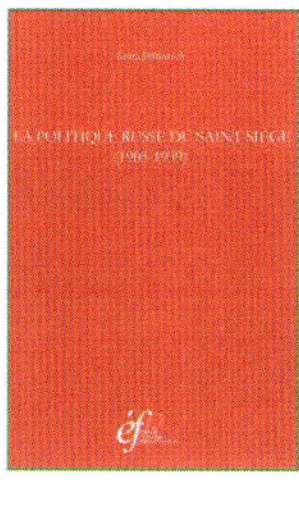

## BIBLIOGRAPHIE

*La politique russe du Saint-Siège (1905-1939)*, Laura Pettinaroli, publications de l'École française de Rome, 2015.

# À Alger, Lavigerie invite au ralliement

**Caricature de l'hebdomadaire satirique *Le Grelot*,** vitupérant « les ralliés». La légende dit : « Nous montons dans le train, mais c'est pour nous emparer de la machine.» © Wikicommons

**Immigrés** À Alger, le cardinal Lavigerie porte un toast invitant les catholique français à accepter le régime républicain. Il agit à la demande du pape. Mais les résistances sont nombreuses.

e 19 février 1892 paraît l'encyclique *Au milieu des sollicitudes* de Léon XIII, qui appelle au ralliement à la République les catholiques français, dont les élites sociales, ecclésiastiques et politiques en particulier, étaient majoritairement monarchistes. Comment en est-on arrivé là ?

## Les origines

La République est établie de justesse en 1875. Pour une partie des catholiques, ce régime ravive la mémoire de la Révolution française, notamment celle de la Terreur (1793-1794) qui a pratiqué une violente déchristianisation. La conjoncture politique ne leur est pas non plus favorable. Pie IX, qui se considère comme prisonnier à l'intérieur du Vatican depuis qu'il a perdu les États pontificaux en 1870, fait appel au clergé dans toute l'Europe pour qu'il soutienne la cause du Saint-Siège auprès des pouvoirs publics des différents pays. Mais les parlementaires républicains n'acceptent pas cette immixtion dans les affaires politiques. C'est alors que Léon Gambetta dénonce « le cléricalisme, voilà l'ennemi », dans un discours à la Chambre des députés le 4 mai 1877. Une crise politique s'ensuit, avec l'éviction du chef du gouvernement puis la dissolution de la Chambre par le président de la République Mac-Mahon, des rumeurs de coup d'État et des élections législatives en novembre, qui confortent finalement la place des républicains. Majoritaires aussi au Sénat en 1879, ces derniers engagent, après la démission de Mac-Mahon (1879), une politique laïcisatrice, avec les lois Ferry sur l'école primaire (1881-1882), la légalisation du divorce (1884), la laïcisation du personnel enseignant (1886), l'interdiction de congrégations religieuses et l'épuration de la magistrature. Tout cela accroît les préventions des catholiques, même si une partie des évêques restent prudents pour préserver le concordat et la conciliation avec le pouvoir civil.

En 1878, Gioacchino Pecci est élu pape et prend le nom de Léon XIII. Il passe pour un pontife d'ouverture et de progrès, contrairement à son prédécesseur Pie IX, vu comme intransigeant. En réalité, les deux papes se rejoignent dans leur volonté de restaurer une société chrétienne et dans leur condamnation du monde moderne issu de la Révolution. En 1864, Pie IX a promulgué le *Syllabus* « enfermant les principales erreurs de notre temps », que son successeur n'a pas remis en cause. En revanche, Léon XIII n'en reste pas aux regrets et à la défensive, il entend transformer la société moderne de l'intérieur, d'où sa pastorale missionnaire et sociale. Il fait ainsi preuve de modération, d'esprit de conciliation et de recherche de compromis à l'égard des républicains français, contre certains ●●●

**Pour une partie des catholiques, ce régime ravive la mémoire de la Terreur (1793-1794) qui a pratiqué une violente déchristianisation.**

R.F
1892
REPUBLIQUE

**Le comte Albert de Mun** est une figure du catholicisme social. Cet ancien officier de cavalerie devenu parlementaire et académicien soutient la politique de ralliement voulue par le pape Léon XIII.

●●● catholiques partisans de l'opposition frontale avec le gouvernement. En février 1884, il publie l'encyclique *Nobilissima gallorum gens. Sur la question religieuse en France* : s'il condamne la politique laïcisatrice, il rappelle aussi que les « rapports établis entre l'autorité spirituelle et l'autorité temporelle » se fondent sur « un échange réciproque des droits et des devoirs ». L'année suivante, dans *Immortale Dei*, il précise que les enseignements de l'Église ne « réprouvent en soi aucune des différentes formes de gouvernement », tout en renouvelant ses critiques à l'encontre du « pernicieux et déplorable goût de nouveautés ». En 1888, dans l'encyclique *Libertas*, il répète que « des différentes formes de gouvernement », l'Église n'en rejette aucune. Par ailleurs, Léon XIII dissuade le député catholique Albert de Mun de constituer un parti confessionnel en vue des élections de 1885, ce qui ne manquerait pas de confondre la cause catholique avec des enjeux politiques auprès des anticléricaux.

## Le toast d'Alger

En conflit avec le gouvernement italien à propos de la question romaine, Léon XIII escompte un soutien diplomatique extérieur. Il ne peut pas s'appuyer sur l'Allemagne protestante, où la politique anticléricale du *Kulturkampf* a été radicale, ni sur l'Autriche, peu ouverte à l'égard du Saint-Siège. C'est ainsi qu'il envisage un rapprochement avec une France certes républicaine, mais également protectrice des missions outre-mer. Or celles-ci sont l'une des priorités du pontificat. Léon XIII estime donc que le ralliement à la République est devenu nécessaire. La défense de la monarchie ne doit pas accaparer les fidèles alors que l'enjeu est de restaurer une société chrétienne sans chercher une contre-révolution illusoire. Le contexte de la fin des années 1880 paraît favorable : le boulangisme, qui avait attiré une partie des notables catholiques, a échoué, les républicains modérés ont remporté les élections de 1889 avec les suffrages d'une partie des fidèles, des députés de droite proches de l'Église commencent à prendre leurs distances avec les monarchistes.

**Charles Lavigerie a été un champion de la lutte** contre l'esclavage, fondateur des Pères blancs, archevêque d'Alger puis de Carthage, et cardinal.


C'est Mgr Ferrata, secrétaire de la Congrégation pour les Affaires ecclésiastiques extraordinaires, qui a l'idée du Ralliement. Le secrétaire d'État du Saint-Siège, le cardinal Rampolla, suggère de recourir à un intermédiaire de renom pour la promouvoir. L'archevêque de Rennes, le cardinal Place, initialement pressenti, refuse et propose le cardinal Lavigerie, archevêque d'Alger et de Carthage, au motif notamment qu'une telle annonce devrait se faire en-dehors de la métropole, où les monarchistes restent influents. En outre, l'archevêque a déjà mené des tentatives de conciliation avec les pouvoirs publics.

Le 12 novembre 1890, Lavigerie reçoit, pour un déjeuner officiel, une délégation d'officiers de l'escadre de la Méditerranée et leur commandant, le vice-amiral Duperré, en escale à Alger, ainsi ●●●

**Léon XIII se déplaçant en chaise à porteurs** à l'intérieur du Vatican. La chaise est utilisée lorsque l'âge du pape rend la marche et les déplacements difficiles.
© Bridgeman

●●● que les autorités civiles et militaires locales. L'archevêque collabore déjà avec des marins dans sa campagne anti-esclavagiste. Les Pères blancs, qu'il a fondés, en rencontrent aussi dans leurs missions. Lavigerie n'ignore pas les idées monarchistes, ni le catholicisme des officiers de marine, en même temps qu'il sait leur loyalisme envers la République. À cet égard, il peut miser sur leur influence éventuelle. À la fin du déjeuner, Lavigerie prononce un toast en l'honneur de ses invités. Il donne l'armée et la marine en exemples de fidélité, « de résignation et d'acceptation patriotique » aux catholiques. Il développe ensuite, sans jamais employer le mot « République » : « Quand la volonté d'un peuple s'est nettement affirmée, que la forme d'un gouvernement n'a rien de contraire [...] aux principes qui peuvent faire vivre les nations chrétiennes et civilisées, lorsqu'il faut, pour arracher son pays aux abîmes qui le menacent, l'adhésion sans arrière-pensée à cette forme de gouvernement, le moment vient de sacrifier tout ce que la conscience et l'honneur permettent [...] pour l'amour de la patrie. »

Le toast d'Alger est la première étape du processus de ce qui est d'abord désigné comme un « rapprochement » des catholiques avec une partie des républicains, avant que s'impose le substantif « Ralliement », un terme appartenant d'ailleurs au vocabulaire militaire et maritime. Est-ce une métaphore justifiant la nécessité, pour les catholiques français, d'obéir au pape comme des soldats disciplinés ? Cependant, l'acception politico-religieuse de ce terme s'impose rapidement devant son origine militaire.

Répercuté par la presse, le discours de Lavigerie suscite une grande hostilité dans l'opinion catholique. Les réponses du cardinal Rampolla aux demandes d'éclaircissement des évêques, trop subtiles, ne condamnent, ni n'approuvent le toast de Lavigerie. Le nonce à Paris, Mgr Rotelli, est persuadé que celui-ci a agi de sa propre initiative. De son côté, le cardinal Richard, archevêque de Paris, publie le 2 mars 1891 une « Réponse aux catholiques qui l'ont consulté sur leur devoir social » : il pointe ce qui est nécessaire pour sauvegarder les libertés religieuses, mais ne prend pas parti dans le choix du régime politique, ce qui entretient la confusion. Son initiative entraîne la constitution d'une Union de la France chrétienne, d'orientation monarchiste.

## L'encyclique

Léon XIII doit alors intervenir. Il nomme d'abord Mgr Ferrata, favorable au Ralliement, comme nonce à Paris en juin 1891. Il accorde quelques mois plus tard une interview au *Petit Journal*, publiée le 17 février, dans laquelle il déclare : « Tous les citoyens doivent se réunir sur le terrain légal ; chacun peut garder ses préférences intimes ; mais dans le domaine de l'action, il n'y a que le gouvernement que la France s'est donné. La République est une forme de gouvernement aussi légitime que les autres. »

Le pape venait d'achever la veille l'encyclique *Au milieu des sollicitudes*, publiée le 19 et reprise dans les journaux le 20 février. Il y affirme : « Lorsque les nouveaux gouvernements qui représentent cet immuable pouvoir [venant de Dieu] sont constitués,

**Le ralliement s'opère difficilement. Il suscite de fortes réticences de la part des monarchistes, des intransigeants fidèles à Pie IX et d'une partie de l'épiscopat.**

les accepter n'est pas seulement permis, mais réclamé, voire imposé par la nécessité du bien social qui les a faits et les maintient. »

C'est le cas avec la République, « qui est le gouvernement actuel de la nation ». Pour le pape, la priorité va également à l'union, car les « efforts doivent se combiner pour conserver ou relever la grandeur morale de leur patrie ». Ainsi, « aucun homme impartial ne pourra accuser les catholiques français [...] s'ils travaillent à conserver à leur patrie ce qui est pour elle une condition de salut ». Cette allusion montre que le ralliement est aussi un geste destiné à combattre l'anticléricalisme des élites républicaines, mais pas à approuver leur idéologie. D'ailleurs, le pape distingue, d'une part, les « Pouvoirs constitués » et, d'autre part, la « Législation », que les catholiques, à condition d'être unis, peuvent combattre. Enfin, Léon XIII demande à ce que les fidèles ne soutiennent pas les projets de séparation de l'Église et de l'État.

## Un ralliement limité et contesté

Le ralliement s'opère difficilement. Il suscite de nombreuses réticences de la part des monarchistes, des intransigeants fidèles à Pie IX et d'une partie de l'épiscopat. Léon XIII doit insister auprès des évêques par la lettre *Notre consolation* (3 mai 1892) : « Acceptez la République, c'est-à-dire le pouvoir constitué et existant parmi vous ; respectez-la ; soyez-lui soumis comme représentant le pouvoir venu de Dieu. »

Les catholiques – surtout leurs élites – sont divisés. Les réfractaires, comme le théoricien du catholicisme social René de La Tour du Pin ou le journaliste Paul de Cassagnac, distinguent l'enseignement de l'Église et les engagements du citoyen. Une partie du clergé se soumet à Rome, accepte les institutions républicaines, met la question du régime entre parenthèses et privilégie la défense religieuse. Les ralliés aspirent à une république chrétienne. Ils comptent une trentaine de députés aux élections de 1893, mais leurs chefs de file Albert de Mun et Jacques Piou sont battus, ce qui ne les empêche pas d'influencer la création du groupe parlementaire de la « droite républicaine ». Enfin les démocrates-chrétiens font la synthèse entre le ralliement et la doctrine sociale de l'Église, dont l'encyclique *Rerum novarum. Sur la condition des ouvriers* (1891) a jeté les fondements. Certains d'entre eux sont des « abbés-démocrates », voulant réconcilier l'Église et le peuple, tel l'abbé Lemire (Hazebrouck), issu d'ailleurs du monarchisme légitimiste.

La droite et les ralliés soutiennent les gouvernements républicains modérés, opposés comme eux aux socialistes, plus nombreux à la Chambre depuis 1893. Les relations entre l'Église et l'État s'apaisent de 1893 à 1898, des congrégations reviennent. Eugène Spuller, ministre de l'Instruction publique et des Cultes, gambettiste, évoque sur ce plan un « esprit nouveau » dans un discours à la Chambre le 3 mars 1894.

Toutefois, l'anticléricalisme ne disparaît pas. Les radicaux et certains modérés sont persuadés que le Ralliement est une ruse de l'Église pour retrouver son influence politique. Puis l'affaire Dreyfus, durant laquelle les catholiques se sont surtout trouvés du côté des antidreyfusards, a relancé la politique anticléricale, avec le Bloc de défense républicaine (1899). Cela a limité durablement le Ralliement.

Toutefois, celui-ci a marqué un tournant important dans le rapport des catholiques au régime républicain. Trente-quatre ans plus tard, la condamnation par Pie XI de la monarchiste Action française allait le confirmer.

**XAVIER BONIFACE**
*professeur d'histoire université de Picardie*

## BIBLIOGRAPHIE

- ***Le cardinal Lavigerie. 1825-1892. L'Église, l'Afrique et la France***, François Renault, Paris, Fayard, 1992.
- ***Le toast d'Alger. Documents 1890-1891***, Xavier de Montclos, Paris, éd. de Boccard, 1966.

# LA ROME DE LÉON XIII

**Travaux** Sous Léon XIII, Rome a été métamorphosée par le royaume d'Italie qui en fait une capitale nationale. Depuis 1870, les Italiens ont multiplié statues et monuments, dans un esprit souvent anticlérical.

**Une brèche dans le mur d'Aurélien**, à côté de la Porta Pia, permet aux *Bersaglieri* d'entrer dans Rome. © SoloRoma/Alamy

## Porta Pia, en souvenir du 20 septembre 1870

À l'aube du 20 septembre 1870, après que des tirs d'artillerie ont ouvert une brèche dans l'antique muraille de Rome, à côté de la Porta Pia, les *bersaglieri* (soldats d'infanterie légère) de l'armée italienne attaquent les derniers défenseurs de la capitale pontificale. Réduits à leurs seules forces depuis le départ des Français, les soldats pontificaux savent la bataille perdue d'avance. Le général Kanzler a arraché au pape Pie IX l'autorisation de résister aux assaillants, pour l'honneur des soldats, avant que le drapeau blanc ne soit hissé, à 10 heures du matin. Le combat a fait tout de même des victimes. La population romaine accueille sans hostilité ses nouveaux maîtres, tandis que le pape proteste contre la prise de sa capitale par la force armée. Ainsi s'achève la disparition des États pontificaux et l'unification du royaume d'Italie. Construite au milieu du XVIe siècle sur les plans de Michel-Ange lui-même, sur ordre du pape Pie IV (d'où son nom), la Porta Pia venait d'être restaurée et agrandie par Pie IX. Elle abrite aujourd'hui le Musée historique des Bersaglieri. La rue qui pénètre dans Rome par cette porte prend le nom de *Via XX Settembre*. Des bâtiments administratifs, notamment des ministères, y sont bientôt édifiés, car la ville de Rome doit se métamorphoser pour devenir la capitale moderne d'un grand État, tant sur le plan de l'urbanisme que de la société. La Via XX Settembre conduit tout droit au palais du Quirinal. L'ancienne résidence des papes est devenue, à partir de 1870, la résidence des rois d'Italie, à commencer par Victor-Emmanuel II. Le roi, cependant, a toujours répugné à s'installer de manière fixe et définitive à Rome, préférant son Piémont natal. Son fils Humbert Ier, qui règne de 1878 à 1900, y sera plus assidu. Depuis 1946, le Quirinal abrite la présidence de la République.

**Un monument de marbre blanc.** Le Vittoriano mesure 140 mètres de large et 70 mètres de haut. Sa construction a sonné le glas du quartier médiéval du Capitole. © Stefano Valeri / Alamy

# Le *Vittoriano*, le roi triomphe au Capitole

S'emparer d'une ville qui compte déjà plus de deux millénaires d'histoire et possède parmi les plus importants monuments du monde, pour en faire ce qu'elle n'a jamais été, la capitale de l'Italie, cela obligeait à des actes symboliques forts. Pour imposer visuellement la nouvelle identité de Rome et pour manifester l'achèvement de l'unification nationale, le pouvoir italien décide d'édifier au centre de Rome un monument gigantesque qui en imposera aux plus grandes basiliques. La colline du Capitole, celle des triomphes de la Rome antique, est choisie. Le monument se juxtaposera à la célèbre place du Capitole dessinée par Michel-Ange et devra cohabiter avec l'église médiévale de l'*Aracoeli*. Le monument se trouvera dans l'alignement du Corso, la longue rue centrale de Rome. Il sera aussi dans l'axe de la Via Nazionale, qui permet aux voyageurs arrivant à Rome par la Gare *Termini*, de se rendre dans le centre de la Ville. Les pèlerins eux-mêmes, se rendant au Vatican, verront donc d'abord le monument commémoratif de l'unité italienne. La statue équestre du roi, haute de douze mètres, est au centre de la construction. Le piédestal est composé des statues allégoriques des principales villes d'Italie. L'ensemble prendra le nom de *Vittoriano*, en mémoire de Victor-Emmanuel II, ou d'Autel de la Patrie (*Altare della patria*). Jadis le centre de la Rome fasciste, le *Vittoriano* abrite depuis 1970 le *Museo Centrale del Risorgimento*. D'un classicisme froid, lisse, exsangue, le monument construit par Giuseppe Sacconi de 1885 à 1911 tranche par sa blancheur avec les couleurs de Rome. Certes, il atteint son but principal qui était de marquer le paysage romain, mais sa forme indéfinissable et son esthétique écrasante ont-elles servi la cause qui a justifié sa construction ? Surnommé jadis « la machine à écrire », ce qui ne convient plus à notre temps, il n'a sûrement pas éclipsé le dôme de Saint-Pierre, même pour les non-chrétiens.

**Figure de l'unité italienne, Giuseppe Garibaldi** est représenté sur un monument au sommet de la huitième colline de Rome, le Janicule. © Glasshouse Images/Alamy

Lorsque pendant l'année sainte proclamée par Léon XIII en 1900, le pèlerinage aux quatre basiliques majeures et aux Portes saintes attirait à Rome des centaines de milliers de catholiques, les libres-penseurs organisèrent un « contre-jubilé ». Ils désignèrent les quatre « basiliques majeures » de la Rome laïque et nationale : l'antique Panthéon, devenu nécropole des rois d'Italie depuis la mort de Victor-Emmanuel II en 1878 ; la Porta Pia, en mémoire de la prise de Rome le 20 septembre 1870 ;

## Garibaldi au Janicule, gloire au héros populaire

le Capitole, où le monument à la gloire de l'Italie élève peu à peu sa pesante architecture ; et enfin le monument à Garibaldi sur le sommet de la colline du Janicule. Dans la transformation de Rome en capitale italienne, les monuments, les noms de rues et les plaques commémoratives ont joué un grand rôle, mais aussi les statues. Parmi les héros du *Risorgimento*, outre le roi Victor-Emmanuel et son prédécesseur Charles-Albert, Cavour aura sa statue sur la place qui porte son nom, devant le nouveau Palais de Justice. Pour unifier les deux tendances opposées de l'unification italienne, celle des royalistes libéraux et celle des démocrates républicains, il faudra concéder à la gauche l'érection d'un monument pour Giuseppe Mazzini, sur l'Aventin. Inévitable, tant il est populaire, Giuseppe Garibaldi aura droit, en un lieu très visible, à une statue équestre. Contre l'idée qu'on se fait du chef des « chemises rouges », l'artiste Emilio Gallori a représenté le héros à l'arrêt, méditatif, presque fatigué, contemplant Rome depuis le Janicule. Ainsi est relativisée la fougue du *condottiere* incontrôlable, radical, républicain dans l'âme. Le choix du Janicule, où Garibaldi fut vaincu en 1849 par l'armée française qui venait rétablir le pape à Rome, permet de présenter Garibaldi comme une victime des Français, ce qui est conforme à la politique de l'Italie des années 1880.

# San Gioacchino in Prati, l'église de Léon XIII

Privée du pouvoir temporel sur la ville de Rome, mais non du pouvoir spirituel, l'Église romaine ne peut se résoudre à voir la capitale du monde catholique réduite à n'être qu'une ville nationale italienne. Un prêtre français, l'abbé Brugidou, prend l'initiative d'un projet symboliquement très fort : construire une église dans le tout nouveau quartier que la commune de Rome est en train de construire dans la zone dite des *Prati di Castello*, les « prés » entre le Château Saint-Ange et le Tibre, proche du Vatican mais jusqu'alors inondable et non encore urbanisée. Dans ce quartier neuf qui s'élève en quelques années, suivant un classique plan en damier, les rues ont toutes été tracées de façon qu'aucune ne permette de voir la coupole de Saint-Pierre, pourtant voisine. Grâce à la souscription lancée par le prêtre lyonnais avec l'appui des autorités pontificales, le quartier aura aussi son église ; elle s'appellera San Gioacchino – Joachim étant le prénom de Léon XIII. Cet hommage au pape est une manière de rappeler qu'il est l'évêque de Rome. Le style de cette église, bâtie entre 1891 et 1898, s'inspire à la fois du modèle basilical romain de l'Antiquité chrétienne et de l'architecture de la Renaissance italienne, notamment la coupole. Surtout, il est décidé que chaque chapelle latérale sera dédiée à une nation du monde et décorée par les artistes locaux : France, Italie, Portugal, Bavière, Pologne, Irlande, Angleterre, Belgique, Hollande, Canada, États-Unis, Argentine, Brésil. L'église est pensée comme une représentation de l'Église universelle, réunie autour du pape, au cœur de la Rome contemporaine. Sur la façade, une mosaïque représente Léon XIII devant le Saint-Sacrement. Avec cette inscription : ORBIS CATHOLICI ROMA DIVINIS PRO IURIBUS REPARANDIS ADORATIO (Le monde catholique en adoration pour la réparation de la justice divine à Rome).

**Voulue par un prêtre lyonnais,** l'église Saint-Joachim est pensée comme une représentation de l'Église universelle réunie autour du pape. © Giulio Ercolani/Alamy

**Au temps du pape Léon XIII,** l'intérieur de la basilique Saint-Pierre est le principal centre vivant et universel de la Rome catholique. © Briker.com/lamy

Plus encore que la place Saint-Pierre, que l'on s'est habitué de nos jours à voir comme le décor principal des grandes cérémonies pontificales, l'intérieur de la basilique Saint-Pierre est, au temps de Léon XIII, le principal centre vivant et universel de la Rome catholique. C'est dans l'immense nef que l'on peut réunir plusieurs dizaines de milliers de fidèles. Et c'est là, surtout, qu'il est possible de voir le pape. À cause de la Question romaine, Léon XIII refuse de paraître sur la place Saint-Pierre et même à la loggia centrale de la façade. Toute cérémonie a donc lieu à l'intérieur ; toute bénédiction se reçoit dans la nef. Dans son roman intitulé *Rome*, qui est une évocation critique de la Rome de Léon XIII (1896), Émile Zola décrit son héros, Pierre Froment, assistant à une messe dans la basilique Saint-Pierre : « Ah ! cette foule énorme de concert monstre, ces trente ces quarante mille fidèles venus de partout, enflammés de curiosité, de passion et de foi, s'agitant, se poussant, se haussant pour voir, au milieu d'une grande rumeur de marée humaine, familière et gaie avec Dieu, comme si elle se fût trouvée dans quelque théâtre divin où il était permis honnêtement de parler haut, de se récréer au spectacle des pompes dévotes ! Pierre en fut saisi d'abord, ne connaissant que les agenouillements inquiets et silencieux au fond des cathédrales sombres, n'étant pas habitué à cette religion de lumière dont l'éclat transformait une cérémonie en une fête en plein jour. » Au cours de l'année sainte de 1900, qui est un grand succès, les pèlerins sont plus nombreux que jamais : entre 300 000 et 600 000. Les canonisations sont les sommets du jubilé, en particulier celle de saint Jean-Baptiste de La Salle le 24 mai 1900. Malgré son grand âge, Léon XIII célèbre soixante-dix fois dans la basilique. Il peut ainsi admirer l'éclairage électrique qui vient d'être installé dans Saint-Pierre.

# La basilique Saint-Pierre, rendez-vous des pèlerins

**Enfermé volontaire dans les palais du Vatican, Léon XIII** n'a jamais pu se rendre à la basilique du Latran, pourtant cathédrale du diocèse de Rome.
© Jozef Sedmak / Alamy.

# Saint-Jean-de-Latran, la mémoire de Léon XIII

La basilique Saint-Jean-de-Latran occupe une place unique à Rome. Plus ancien sanctuaire chrétien de la Ville, en dehors des catacombes, la basilique du Saint-Sauveur (son nom originel) est la cathédrale du diocèse de Rome depuis dix-sept siècles. Jusqu'à la fin du Moyen Âge, les papes résidaient au palais du Latran. Cinq conciles se sont tenus dans la basilique. Le plus important, Latran IV, a eu lieu en 1215 sous la présidence du pape Innocent III. Lorsque Gioacchino Pecci était évêque de Pérouse, la ville où Innocent III était mort et où il avait été enterré, il avait dit son souhait que le pape du concile Latran IV fût un jour enterré à Rome même. Devenu pape, Léon XIII décida le transfert de son lointain prédécesseur, qui se fit en 1882, presque en catimini. Enfermé au Vatican, le pape ne put y assister. Privé de sa propre cathédrale, le pontife décida d'en prendre possession *post-mortem* : il choisit la basilique du Latran pour lieu de sa future sépulture. Réalisé en 1907, le tombeau représente le pape avec un ouvrier, en mémoire de sa doctrine sociale. Symétrique au cénotaphe d'Innocent III, Léon XIII est à gauche du chœur. D'ailleurs, toute cette partie de la basilique fut modifiée sous son pontificat. En effet, les murs de l'antique abside étaient lézardés. Peu après son élection, le pape adopte un plan consistant à détruire l'abside pour la reconstruire vingt mètres plus loin, agrandissant ainsi le chœur de la basilique. Quant à la mosaïque absidiale réalisée par Jacopo Torriti, œuvre majeure du XIIIe siècle romain, elle devait être démontée puis restaurée à l'identique dans la nouvelle abside. Le Latran est la basilique romaine pour laquelle le pape s'est le plus investi et où il est enterré, mais où il n'a pu se rendre de tout son pontificat, puisqu'il ne sortit plus du Vatican après son élection en 1878 jusqu'à sa mort en 1903. Paradoxe typique de la Rome de Léon XIII.

**YVES BRULEY,**
*maître de conférences, École pratique des hautes études*

# Un nouveau modèle émerge aux États-Unis

**Dynamisme** ✤ Tout bascule à la fin du XIXᵉ siècle. D'abord pays de mission, les États-Unis deviennent finalement le symbole de la réussite. Mais le Saint-Siège surveille attentivement la jeune église.

Ce sont au moins trois documents pontificaux que Léon XIII consacre « séparément » au catholicisme de la jeune nation états-unienne : *Longinqua oceani* en 1895, *Testem benevolentiae* en 1899, *In amplissimo* en 1902. La préface de *Longinqua oceani* justifie le traitement séparé du fait de l'éloignement océanique et, dès lors, de la singularité américaine : « Nous estimons et aimons profondément la jeune et vigoureuse nation américaine, dans laquelle nous discernons des forces latentes pour le progrès tant de la civilisation que du christianisme. »

Le catholicisme aux États-Unis est alors en plein essor. Encore « pays de mission » au début du XIXe siècle, les États-Unis, marqués jusque tard par le protestantisme anglo-saxon violemment anticatholique du temps de sa fondation, étaient devenus pour l'Église, au seuil du XXe siècle, le symbole d'une « éclatante réussite » (Poulat). Les causes en étaient plurielles : la fructification du vieil héritage du catholicisme anglais ami de la Révolution américaine, avec la figure héroïque de Mgr John Carroll et les traditions de synodalité des conciles de Baltimore ; l'immigration européenne, et notamment irlandaise, italienne, etc. ; les initiatives du clergé, qui multiplie les œuvres scolaires et sociales ; et, *the last but not the least*, la liberté religieuse garantie par le premier amendement de la constitution, assise juridique essentielle sans laquelle rien de la prospérité du catholicisme ne s'explique. Libre dans le cadre d'un régime de séparation, solidement structurée avec des paroisses vivantes, dynamique avec des évêques nombreux, dont un élevé au cardinalat, Mgr James Gibbons, archevêque de Baltimore, cardinal en 1886, l'Église catholique aux États-Unis était susceptible de passer pour un « modèle ». Tocqueville déjà, dans le second tiers du XIXe siècle, avait cru y voir la solution de l'avenir.

## Sociétés secrètes

Les documents pontificaux, à la relecture, semblent souffler tour à tour le chaud et le froid. Le Saint-Siège apprécie la croissance mais observe d'un œil plus que vigilant les innovations et compromissions avec la société protestante américaine. En 1895, dans *Longinqua oceani*, Rome admire la progression « à pas de géant » réalisée par le catholicisme américain, loue l'équité des lois de la République, et approuve les décisions des synodes de Baltimore. Le Saint-Siège condamne cependant la participation des catholiques aux sociétés secrètes, soutenue par le cardinal Gibbons. Plus fortement encore, Léon XIII condamne dans cette lettre le modèle de la séparation de l'Église avec l'État aux États-Unis. « Cependant, même si tout cela est vrai [sur la liberté garantie à l'Église], il serait très erroné d'en conclure qu'il faut rechercher en Amérique le modèle le plus souhaitable pour l'Église, ou qu'il serait universellement légitime ou opportun que l'État et l'Église soient, comme en Amérique, séparés et divorcés. »

**Les États-Unis, marqués par le protestantisme anglo-saxon violemment anticatholique, étaient devenus pour l'Église le symbole d'une «éclatante réussite».**

**Léon XIII soutient une société secrète.** Le cardinal Gibbons convainc le pape de ne pas condamner les membres des Knights of Labor, organisation de défense ouvrière. © H. A./Alamy

Le document le plus fameux dans la mémoire et sur le plan historiographique, fut la lettre apostolique *Testem benevolentiae* de 1899 – en « témoignage de la bienveillance » romaine, lettre par laquelle Léon XIII condamne la doctrine dite de « l'américanisme ». « Hérésie fantôme », pour les uns, plutôt libéraux; préfiguration du modernisme, pour les autres, plutôt conservateurs. L'américanisme est alors une sorte d'amalgame de toutes les opinions nouvelles : moindre romanité, et même éloignement du Saint-Siège, voie séparée d'un catholicisme qui deviendrait national, activisme social au détriment de la contemplation, scientisme au détriment de la foi, œcuménisme.

L'encyclique *In amplissimo* est adressée en 1902 au cardinal Gibbons et à tous les évêques et archevêques des États-Unis. Elle ne dit mot du modèle politique, ni de l'américanisme. « Nous sommes contraints, souligne le pape, d'avouer que notre joie initiale n'a jamais diminué, mais qu'au contraire, elle s'est accrue de jour en jour grâce à l'expansion de la catholicité parmi vous. » Les évêques ont su renforcer l'esprit romain de l'Église; ils ont su lutter contre les « erreurs des sectes qui surgissent »; les catholiques américains sont particulièrement généreux, et cette grande générosité est un « témoignage de leur foi ». « C'est pourquoi, ajoute-t-il, alors que les changements et les tendances de presque toutes les nations qui ont été catholiques pendant de nombreux siècles sont source de tristesse, l'état de vos églises, dans leur jeunesse florissante, réjouit notre cœur et le remplit de joie. » La seule recommandation, à la fois ferme et prudente, que donne le pape, concerne les Noirs et les Indiens : « Votre charité n'a pas ignoré le triste sort des Noirs et des Indiens : vous leur avez envoyé des enseignants, vous les avez aidés généreusement et vous vous employez avec le plus grand zèle à assurer leur salut éternel. Nous sommes heureux d'ajouter une incitation, si cela s'avère nécessaire, pour vous permettre de poursuivre ces initiatives avec la certitude que votre travail mérite d'être salué. » On ne saurait mieux encourager les catholiques américains à davantage encore franchir la barrière de la race.

**FLORIAN MICHEL,**
*université Paris I Panthéon-Sorbonnne*

# Les missions, au cœur du projet de Léon XIII

**Apostolat** Grandes orientations ou choix diplomatiques, les questions missionnaires sont au cœur des décisions stratégiques du pape. L'enjeu est bien ici la dimension universelle de l'Église.

Contrairement à plusieurs de ses successeurs, Léon XIII n'a pas bénéficié après sa mort du qualificatif de « pape des missions », alors que celui de diplomate est resté associé à son action. Il est vrai que son pontificat ne voit la publication d'aucune encyclique missionnaire comparable à *Maximum Illud* de Benoît XV en 1919 ou *Rerum Ecclesiae* de Pie XI en 1926. Pourtant, il constitue un moment essentiel pour la prise en compte de la mission. L'action missionnaire s'inscrit plus que jamais à l'intérieur d'un projet catholique global qui associe diffusion de la foi et « vraie civilisation ». Il ouvre des perspectives à un catholicisme inquiet devant les progrès des missions protestantes et contesté dans ses ambitions universalistes par la diffusion des idées libérales et socialistes.

Au terme du pontificat, en 1903, la presse missionnaire ne manque pas de mettre en avant les progrès du catholicisme, la croissance du nombre de missionnaires, l'activité des sociétés missionnaires anciennes ou nouvelles qui fondent des milliers de stations jusqu'au centre de l'Afrique, à la périphérie de l'Amérique ou dans les îles du Pacifique. On souligne l'efficacité de la congrégation Propaganda fide chargée de diriger les missions pour encadrer et accompagner ces progrès avec la création de nouveaux territoires missionnaires (50 vicariats apostoliques et 39 préfectures apostoliques) et on insiste sur l'engagement personnel du pape pour appeler à la mobilisation des clercs et des fidèles dans les pays de chrétienté. Léon XIII a constamment recommandé l'appui aux deux cents associations d'aide aux missions, particulièrement l'Œuvre de la propagation de la foi fondée à Lyon en 1822.

Afin de donner à ce mouvement sa cohésion, Léon XIII s'appuie sur les trois grands principes qui fondent depuis le XVIIe siècle l'action de la Propaganda fide : donner la priorité à la formation d'un clergé indigène ; imposer l'autorité exclusive de la papauté sans cesse menacée par l'intervention des États au profit de leurs intérêts nationaux ; préparer les Églises locales à vivre avec leurs ressources propres en personnel et en argent, et à être à leur tour missionnaires quand elles sont suffisamment établies.

## De multiples résistances

Si la mise en œuvre de ces objectifs continue, sous Léon XIII, à se heurter à de multiples résistances, y compris internes, elle participe au renforcement de l'autorité du pape et accélère la centralisation romaine. En 1900, les missionnaires forment ainsi un réseau international de prêtres (environ 10000), de frères (5 à 6000) et de religieuses (20000) qui ont fondé des milliers d'écoles et de centres de soins. Ces chiffres restent modestes quand on les compare aux populations et aux immenses territoires missionnaires, mais la mondialisation de cette organisation, dont la papauté est la tête, n'a pas d'équivalent. Dans l'autre sens, Rome accroît sa présence sur le terrain par l'envoi de délégués apostoliques extraordinaires ou permanents, comme aux Indes orientales (1884). Des synodes régionaux organisés en Inde, en Chine et en Indochine achèvent de tisser la toile qui unit le centre romain et les missions.

Cette volonté d'une administration directe est attentive par exemple à limiter dans les missions les ingérences de la République française, qui rêve de mettre les missionnaires fran-

**Deux prêtres lazaristes abyssins** (éthiopiens). L'Église donne la priorité à la formation d'un clergé indigène. Elle prépare aussi les Églises locales à vivre de leurs ressources propres, tant en personnel qu'en argent. © DR

**Riche négociante d'esclaves.** Au début du XXe siècle, l'esclavage reste une réalité en Afrique. Ici, en Abyssinie. © DR

●●● çais (60 % des hommes et deux religieuses sur trois) au service de son influence. Quant à l'antique patronage sur les missions, qui déléguait depuis le XVIe siècle aux États ibériques le droit d'organiser et de financer les activités religieuses sur leurs territoires, il est respecté. Mais il s'applique à des territoires réduits en Afrique portugaise (Angola et Mozambique) et en Inde et n'est plus en capacité de s'opposer à un dispositif missionnaire indépendant de la couronne portugaise. L'expansion missionnaire débouche enfin sur une nouvelle perception du monde qui fait une place croissante à de nouvelles puissances. Avec le Japon et la Chine, Rome tente d'instaurer des relations diplomatiques directes par l'envoi de lettres à leurs empereurs en 1885. La démarche laisse perplexe le Japon, et la France fait échouer les pourparlers prêts d'aboutir en Chine. Elle craint de perdre un protectorat sur les missions asiatiques, pourtant sans fondement juridique. L'échec de l'ouverture à la Chine, aux dires de Léon XIII, lui causera le plus grand chagrin de son pontificat. Avec l'Abyssinie (Éthiopie), seul pays qui échappe à la colonisation en Afrique, il cherche sans succès à se poser en interlocuteur du négus Ménélik, dans le contexte peu favorable de l'agression italienne, stoppée en 1896 (bataille d'Adoua).

À la mort de Léon XIII en 1903, les progrès des missions inclinent à l'optimisme bien que les chiffres de conversions soient encore modestes (moins de 1 % de catholiques autochtones en Afrique et en Asie). Les obstacles à une indépendance totale des missions restent nombreux. Rome a refusé tout accord qui lui imposerait de choisir dans la nation du colonisateur les responsables des missions. Néanmoins, sous la pression des gouvernements qui garantissent la sécurité des missions et subventionnent souvent les œuvres, Léon XIII doit concéder la nomination de chefs de mission issus du pays colonisateur partout où l'État l'impose (Allemagne, Belgique, France, Italie, mais pas le Royaume-Uni).

## Les pays jugés attardés

La colonisation n'est pas l'objet d'une encyclique (une prudence qui se révèlera finalement heureuse) et la position catholique reste ambiguë, contrastant avec l'engagement de Léon XIII sur les problèmes sociaux des pays industrialisés à travers *Rerum novarum* (1891). La conquête coloniale demeure aux yeux de Rome une étape nécessaire pour les pays jugés attardés dans la marche vers la civilisation, notamment en Afrique ou dans le Pacifique, à condition de favoriser une civilisation chrétienne. Quant à la prise en compte des cultures locales, elle consiste surtout à reconnaître la diversité des rites orientaux à cause de leur ancienneté. Si Rome accorde des facultés spéciales pour assouplir certaines règles en fonction du contexte, par exemple en matière de mariage, les exceptions portent sur des points secondaires, en-deçà de l'adaptation aux cultures préconisaient par des missionnaires.

Malgré ces limites, le pontificat de Léon XIII ne s'est pas contenté d'accompagner le mouvement missionnaire, qui s'est amplifié au long du XIXe siècle. Il en fait une donnée centrale quand il s'agit de définir les grandes orientations de l'Église et d'opérer des choix diplomatiques. Et il a redonné à une Église, confrontée vers 1900 à de nouveaux défis, des raisons de croire en sa capacité à devenir universelle.

**CLAUDE PRUDHOMME,**
*professeur émérite, université de Lyon 2*

FOCUS

# LÉON XIII, PREMIER PAPE À CONDAMNER L'ESCLAVAGE SANS RESTRICTION

**Liberté** Lors de l'abolition de l'esclavage au Brésil, Léon XIII publie une encyclique qui met fin au flou produit par les déclarations de ses prédécesseurs.

**Quand le pape Léon XIII est élu en 1878, la « traite des Noirs » et l'esclavage sont loin d'avoir disparu,** malgré l'interdiction de la traite au congrès de Vienne (1815) et les lois qui ont aboli l'esclavage dès 1803 à Haïti, puis dans les pays d'Amérique latine, dans les colonies européennes, mais aussi aux États-Unis (1865) et en Turquie (1876). Au moment où les grandes explorations laissent la place à la conquête coloniale en Afrique, les témoignages se multiplient pour dénoncer la gravité de la situation dans le continent. Non sans ambiguïté, si on observe que les nations réputées chrétiennes n'avaient pas manifesté le même empressement à condamner l'esclavage dans leurs propres colonies. Dénoncer l'esclavage est désormais une manière de disqualifier les musulmans arabes et africains qui en sont les principaux agents, de démontrer la supériorité des nations chrétiennes en matière de civilisation et de justifier la colonisation pour des raisons humanitaires.

**Conscient de l'intérêt porté en Europe à l'esclavage africain, le roi des Belges Léopold II avait réuni à Bruxelles en 1876 une conférence** où la lutte contre la traite masquait mal un projet d'exploitation des richesses de l'intérieur de l'Afrique. Charles Lavigerie (1825-1892), archevêque d'Alger et fondateur des missionnaires d'Afrique (Pères blancs) en 1868, comprit que la sensibilisation à la lutte antiesclavagiste pouvait jouer un rôle central dans ses projets missionnaires. Il était dangereux de laisser une telle cause entre les mains des protestants, des libéraux, des libres penseurs ou de commerçants. Le moment était venu pour le catholicisme de prendre la tête d'une croisade pacifique et civilisatrice par-delà les frontières confessionnelles et philosophiques. Le combat contre l'esclavage devait être la démonstration de la nécessité du christianisme pour fonder un ordre social juste sous l'autorité du pape.

**Très vite, Léon XIII perçoit tout le parti qu'il peut tirer d'un engagement dans cette action collective.** Il noue des liens personnels avec Lavigerie, restaure pour lui le siège épiscopal de Carthage (1884), illustré par saint Augustin, le fait cardinal, l'encourage dans sa tournée des grandes villes européennes en 1886 pour mobiliser l'opinion publique. Et il prolonge son appui par une série d'interventions publiques. Le document clé, l'encyclique *In plurimis*, voit le jour en 1888 à l'occasion de l'abolition de l'esclavage au Brésil. Elle permet au pape de tourner la page des controverses qui n'ont cessé d'agiter le catholicisme autour de la légitimité de l'esclavage. Si des figures catholiques s'étaient illustrées pour dénoncer sa perpétuation et prendre la défense des esclaves, la condamnation du système n'avait pas été clairement prononcée. Certes, Grégoire XVI avait interdit la traite en 1839, mais pas discuté la possibilité d'admettre à certaines conditions le statut d'esclave.

**La lettre adressée aux évêques brésiliens par Léon XIII marque un tournant.** Le point de départ est scripturaire, sans référence à des documents de ses prédécesseurs, ce qui souligne le changement de perspective. Le pape s'appuie sur deux citations pour démontrer que le message évangélique est porteur de libération : Jésus vient « annoncer aux captifs la délivrance » (Is. 61,1, repris en Lc 4,19) et « il renouvelle toutes choses en lui, et ce qui est au ciel, et ce qui est sur la terre » (Ep. 1,10). Puis il trouve dans Grégoire le Grand le raisonnement qui va fonder toute l'encyclique. Puisque la Rédemption brise toute servitude et rend aux hommes leur liberté, « c'est chose salutaire de rendre, par le bienfait de l'affranchissement à la liberté, dans laquelle ils sont nés, les hommes que la nature a fait libres dès l'abord et à laquelle le droit des gens a substitué le joug de la liberté ».

**Le pape s'attache ensuite à expliquer que l'Église a agi d'une manière pédagogique, sans précipitation, mais a toujours voulu la fin de la servitude :** « Elle n'a pas voulu, en effet, procéder hâtivement à l'affranchissement des esclaves et à la sollicitude de leur liberté, ce qu'elle n'aurait pu faire évidemment que d'une façon tumultueuse, qui eût tourné à leur propre détriment et à celui de la chose publique. »

**Sans doute la relecture de l'histoire par le pape apparaît à l'historien trop apologétique** pour rendre compte d'un passé marqué par la participation au système esclavagiste dans les missions. Mais elle permet de sortir de vieilles impasses et cherche à proposer une modernité chrétienne qui pense en termes de *droit naturel* et de *droit des gens* et évite de recourir aux *droits de l'homme*, trop liés à son sens à la philosophie libérale et 1789. En un sens, *In plurimis* annonce *Rerum Novarum*.

**CLAUDE PRUDHOMME**

**Très tôt, des catholiques se sont émus** de la misère du milieu ouvrier. Ici, enfants à Paris, vers 1865.
© The Picture Art Collection / Alamy

# Le catholicisme social, une réponse à la misère

**Paupérisme** ✤ En Europe, des catholiques se sont intéressés très tôt à la détresse du monde ouvrier. Leurs réponses concrètes et leurs idées sont le terreau dans lequel ont puisé les rédacteurs de *Rerum Novarum*.

es catholiques des pays industrialisés n'ont pas attendu l'encyclique *Rerum novarum* pour prendre conscience de la situation de misère injustifiée subie par le monde ouvrier. Dès les années 1830 en effet, l'enquête de Louis René Villermé, intitulée *Tableau de l'état physique et moral des ouvriers*, avait révélé la pénibilité des conditions de travail dans les manufactures industrielles, notamment celles des enfants et des femmes, la dangerosité de certaines tâches et la mortalité qui en résultait. Outre ce paupérisme, l'absence de religion était jugée responsable des violences urbaines et des mouvements insurrectionnels. Des initiatives variées furent mises en œuvre pour améliorer les conditions matérielles des ouvriers et les conduire ainsi à une vie conforme à la morale chrétienne.

Des congrégations, des associations et des confréries de laïcs s'efforcèrent de venir en aide aux ouvriers et leurs familles. Le lyonnais Frédéric Ozanam créa en 1833 les Conférences de Saint-Vincent-de-Paul. Sans se contenter de donner une piécette, chaque associé était invité à prendre en charge une famille, à la visiter, à soulager sa vie matérielle et à l'instruire.

Dès son ordination, en 1841, Don Bosco consacra son ministère aux enfants orphelins désœuvrés et souvent chapardeurs de Turin, et fonda les congrégations des salésiens et salésiennes dont la mission était de les recueillir, les éduquer et les former à un métier par l'apprentissage. Madame Michotte créa à Liège un établissement destiné à recueillir les enfants abandonnés. L'établissement accueillit jusqu'à une soixantaine d'enfants. Il devint en 1886 l'Orphelinat Sainte-Julienne et fut confié à la fin du siècle aux salésiennes de la Visitation.

Ces exemples furent complétés par la création d'institutions destinées à remédier aux causes de cette misère. Il s'agissait d'aider et encourager les ouvriers et ouvrières à contribuer à améliorer et transformer leurs conditions de travail et de vie.

Le député Armand de Melun fit voter entre 1850 et 1852 les premières lois sociales : logements insalubres, caisse de retraite, délit d'usure, assistance judiciaire, assistance hospitalière et contrats d'apprentissage. En 1852, conscient que l'État ne devait pas se contenter d'accorder des aumônes, il rédigea le décret légalisant et développant les Sociétés de secours mutuel. Il contribua à l'Œuvre des cercles catholiques d'ouvriers, créée au lendemain de la Commune par Albert de Mun, Maurice Maignen et René de la Tour du Pin, avec le but de rechristianiser et moraliser la classe ouvrière grâce à l'action d'une élite ouvrière instruite.

De semblables initiatives virent le jour en Allemagne, en Belgique, en Angleterre, en Italie. Comme elles venaient des patrons ou leurs proches, elles furent regardées avec méfiance par le mouvement socialiste; le qualificatif de « paternaliste » qui leur fut associé fut revêtu d'une connotation péjorative. Plus audacieuses, des initiatives visaient à confier aux travailleurs le soin de gérer la formation des apprentis ou le fonctionnement de l'entreprise.

En Allemagne, l'abbé Kolping, qui avait été apprenti cordonnier dans sa jeunesse, invita les apprentis et les jeunes ouvriers à se constituer en associations, où ils se ●●●

① **Frédéric Ozanam crée** les Conférences de Saint-Vincent-de-Paul. © Wikicommons

② **Don Bosco consacre son** ministère aux orphelins. © RES/Alamy

③ **Le député Armand de Melun** fait voter les premières lois sociales. © Wikicommons

**Pauline Jaricot soutient Léon Harmel** lors de la création d'une usine textile dans le Vaucluse. L'entreprise, située à Rustrel, comprend une école, une bibliothèque et une caisse de secours.
© Magite Historic/Alamy

●●● prendraient en charge. Partout en Allemagne se créèrent des cercles Kolping, qui fédéraient les associations de compagnons. Son œuvre inspira Mgr Ketteler.

La filature de la famille Harmel avait, dès les années 1840, mis en place des dispositifs en faveur des ouvriers : caisse d'épargne, caisse de prêts sans intérêt, société de secours mutuel, écoles. L'un des fils, Léon Harmel, avec le soutien de Pauline Jaricot, créa l'usine chrétienne de Rustrel (Vaucluse). Il institua par ailleurs, dans l'usine textile du Val-des-Bois (Ardennes), des conseils d'usine qui permettaient la participation des travailleurs à la gestion de l'entreprise. Il estimait également que le patronat devait rompre avec la concurrence inhumaine du système libéral et s'imprégner de valeurs chrétiennes; dans cet esprit, il établit en 1891 la Société industrielle des patrons chrétiens.

Des voix fortes se sont élevées pour dénoncer le système économique qui était à l'origine de ces injustices et proposer des modèles alternatifs conformes aux valeurs chrétiennes. Leurs propositions furent publiées en brochures, livres ou articles, et inspirèrent des projets de lois qui furent défendus dans les assemblées élues.

Dès les années 1830, l'un des premiers à contester le modèle du libéralisme industriel venu d'Angleterre, fondé sur « un égoïsme insatiable et un mépris profond de la nature humaine » et responsable du paupérisme du monde ouvrier, fut le vicomte Alban de Villeneuve-Bargemont. Il proposait de lui substituer un système qu'il qualifiait d'« économie politique chrétienne », qui établirait « une juste et sage distribution des produits de l'industrie » et une « équitable rémunération du travail ». Les institutions qui permettraient cette transformation seraient : des écoles gratuites dispensant une instruction religieuse, morale et industrielle, des caisses d'épargne et de prévoyance, avec obligation pour ceux qui en auraient la possibilité de contribuer, et des associations d'ouvriers.

Les défenseurs du libéralisme économique ne manquèrent pas d'ironiser. Était-il raisonnable d'espérer associer système économique, action politique et principes chrétiens ? Pouvait-on rejeter la concurrence, le profit et la consommation comme fondement de la production pour leur substituer la sobriété, la patience, l'économie, le travail ?

En dépit de ces critiques, la réflexion sur la possibilité d'un modèle chrétien alternatif au libéralisme se poursuivit, au sein de revues comme les *Annales de la charité* (1845-1859), qui devinrent en 1860 la *Revue d'économie chrétienne*, la *Société d'économie charitable*.

Plusieurs évêques encouragèrent les patrons à s'engager pour changer l'état d'esprit dans leurs usines mais prirent également la parole et la plume pour dénoncer l'injustice dont les ouvriers étaient victimes et proposer d'y remédier. Relevons les noms de Mgr Manning, archevêque de Westminster, de Mgr de Ketteler, évêque de Mayence, du cardinal de Croÿ, évêque de Rouen, dont les remarques inspirèrent Montalembert lors de son intervention à la chambre des pairs en faveur d'une loi sur le travail des enfants (1841), de Mgr Affre, archevêque de Paris...

L'ensemble de ces écrits et des chambres de réflexion inspirèrent l'encyclique de Léon XIII.

**JÉRÔME GRÉVY,**
*Professeur université de Poitiers et de Sciences Po*

FOCUS

# UN « ÉVÊQUE SOCIALISTE » ET LA QUESTION OUVRIÈRE

**Influence** ✽ Mgr Ketteler est une grande figure du catholicisme social et l'un des pères de la démocratie chrétienne allemande. Plusieurs de ses propositions ont été retenues dans l'encyclique *Rerum novarum*.

**Engagé en politique, Mgr Ketteler** est un membre actif du Zentrum. © Wikicommons

**L'abbé Wilhelm Emmanuel von Ketteler (1811-1877) appartenait à une famille de vieille aristocratie** qui rejetait le système démocratique de la France. Attirant l'attention sur les problèmes sociaux, il fut également défenseur de la liberté de l'Église. Engagé dès 1848 en politique, il protesta contre la politique dirigiste et autoritaire de l'État prussien puis ultérieurement contre le *Kulturkampf* engagé par Bismarck.

**Évêque de Mayence en 1850, il fut sensible à la pauvreté des ouvriers et encouragea activement les caisses d'épargne et de prêt pour les travailleurs** ainsi que les logements ouvriers. Il publia en 1864 un livre qui dénonçait la condition des travailleurs et proposait une solution chrétienne. Le livre fut traduit en 1869 par Édouard Cloes, vice-président de la Société ouvrière Saint-Joseph de Liège. À ses yeux, le libéralisme économique était responsable de la misère des ouvriers, puisque le travail, considéré comme une marchandise, était dévalorisé dans la mesure où son prix en était fixé par la loi de l'offre et la demande. Il considérait que ni les solutions libérales ni celles de la gauche radicale, ne pouvaient remédier à cette situation. Le parti libéral proposait une liberté absolue dans tous les domaines, économique et social. Ketteler ne rejetait pas en bloc cette proposition mais soulignait les contradictions, les exagérations et les obscurités qui en résultaient et, surtout, leur incapacité à faire disparaître la pauvreté. De l'inégalité de nature entre les êtres humains résulterait une pauvreté plus grande encore des faibles. Par ailleurs, les libéraux considéraient que la charité dispensée par les chrétiens constituait une prime à la paresse et que seul le *self-help* individuel pouvait permettre au pauvre de sortir de son état. Ils négligeaient donc l'amour qui déterminait l'aumône et la valeur moralisatrice du travail, qui non seulement apportait les moyens de subsistance au prix d'une souffrance mais surtout rendait au travailleur sa dignité.

**Or, venir en aide aux classes ouvrières par des lois et des impôts votés par des chambres serait une atteinte à la propriété,** que Mgr Ketteler considérait comme un droit naturel voulu par Dieu. Il était illusoire de penser que le suffrage universel, source de division de la société, serait le moyen de parvenir à une vraie justice car celle-ci ne pouvait venir que de Dieu. Malgré tout, l'évêque admettait que l'établissement du suffrage universel permettrait au peuple, fidèle aux principes chrétiens, de ne pas livrer la nation aux sociétés secrètes rationalistes, cosmopolites et matérialistes.

**Mgr Ketteler formulait un premier ensemble de propositions, qui s'adressaient plus précisément aux ecclésiastiques :**

- l'Église devait créer et diriger des établissements destinés à apporter des soins aux personnes incapables de travailler ;
- il convenait d'encourager la formation de familles chrétiennes (contre le dévergondage, qui était l'une des causes de la misère) ;
- il était également nécessaire de dispenser une éducation chrétienne, qui enseignait à chacun la connaissance de sa dignité et l'encourageait à développer toutes ses facultés.

Des propositions concrètes étaient également formulées :

- encourager les associations chrétiennes, dont le but n'était pas seulement matériel puisqu'elles constituaient « des organismes vivants, animés d'un principe vital interne », et agissaient avec un esprit d'union ;
- créer des associations de production, avec la participation des ouvriers dont les revenus seraient ainsi composés de leurs salaires et d'une part des bénéfices.

La pensée du prélat eut un grand retentissement en Allemagne, notamment auprès de Sociétés ouvrières comme du clergé, ainsi que dans les pays européens. Ce succès contribua à forger son image d'« évêque socialiste ». Si la mémoire de Mgr Ketteler est honorée en Allemagne, sa pensée n'eut qu'une postérité limitée. Il n'en reste pas moins qu'une part de ses propositions se retrouve dans l'encyclique *Rerum Novarum*. ✽ ***J. G.***

# Léon XIII s'empare de la question sociale

**Justice** La publication de l'encyclique *Rerum Novarum* est un coup de tonnerre. Pour la première fois, l'Église prend parti sur la question sociale. Voici comment Léon XIII est devenu « le pape des ouvriers ».

La publication, le 15 mai 1891, de l'encyclique *Rerum Novarum* répond à l'attente des milieux catholiques engagés dans une réflexion et une action sur la question sociale. Depuis 1878, Léon XIII a posé des jalons dans de brèves interventions qui dépassent les analyses qu'il avait esquissées comme évêque de Pérouse dans ses lettres pastorales de 1877 et 1878 en restant sur le terrain des remèdes moraux. Sans entrer dans le détail ni trancher les débats, il parle du rôle de l'État, de la justice et des corporations, notamment en 1884 dans l'encyclique antimaçonnique *Humanum Genus*, puis à partir de 1885 dans les discours aux pèlerins ouvriers conduits à Rome par Léon Harmel. En 1885, il annonce la rédaction d'une encyclique à René de la Tour du Pin, ce qui incite les acteurs à agir auprès de lui, notamment dans le cadre de l'Union de Fribourg. Mais Léon XIII entend garder la maîtrise d'un texte relevant du magistère, sans dépendre d'aucune école ni s'en remettre à des laïcs, même s'il les estime, comme Giuseppe Toniolo, professeur à l'université de Pise. Il trace lui-même le plan de la future encyclique et demande début 1890 un premier projet au jésuite Matteo Liberatore, membre de l'Union de Fribourg, auteur en 1889 d'un ouvrage intitulé *Principes d'économie politique*, dans lequel il prolonge des analyses de *La Civiltà Cattolica*, la revue de la Compagnie de Jésus. Puis il sollicite un projet du cardinal dominicain Tommaso Maria Zigliara. L'un et l'autre sont des acteurs du renouveau thomiste consacré par l'encyclique *Aeterni Patris*, même si leurs approches sont différentes, et c'est bien dans ce cadre intellectuel que Léon XIII pense la question sociale. La mise au point, effectuée à partir de l'automne 1890, est confiée au père Liberatore et au cardinal jésuite Mazzela, professeur à l'université Grégorienne, sous le contrôle du pape, qui révise le texte jusqu'au dernier moment avec l'aide de ses secrétaires, Mgr Boccali et Mgr Volpini.

## Critiques de l'État social et des réponses socialistes

L'encyclique s'ouvre sur le constat de l'ampleur des changements induits par l'industrialisation : « Les rapports entre patrons et ouvriers se sont modifiés. La richesse a afflué entre les mains d'un petit nombre et la multitude a été laissée dans l'indigence. Les ouvriers ont conçu une opinion plus haute d'eux-mêmes et ont contracté entre eux une union plus intime. Tous ces faits, sans parler de la corruption des mœurs, ont eu pour résultat un redoutable conflit. » Le pape précise aussitôt le tableau en se référant implicitement à la matrice des Lumières et de la Révolution. Il parle de la destruction des anciennes corporations « sans rien leur substituer », de la disparition des « sentiments religieux » de la ●●●

Page de droite, **le pape Léon XIII s'intéresse à la question sociale** depuis son passage à la nonciature de Bruxelles. Collection Félix Potin, vers 1900. © Bridgeman

**En 1885, il annonce la rédaction d'une encyclique à La Tour du Pin, ce qui incite les acteurs à agir auprès de lui, notamment dans le cadre de l'Union de Fribourg.**

**La solution socialiste est repoussée** par l'encyclique. Ici, épisode de la Commune de Paris, barricades à l'entrée du Faubourg du Temple, le 18 mars 1871. © Bridgeman

●●● législation et des institutions avec, par voie de conséquence, des travailleurs sans défense « à la merci de maîtres inhumains », de l'« usure dévorante », déjà condamnée par l'Église, et de la concentration de l'industrie et du commerce aux mains de « ploutocrates qui imposent ainsi un joug presque servile à l'infinie multitude des prolétaires ».

Loin d'apporter une solution, les socialistes aggravent le mal en poussant « à la haine jalouse des pauvres contre les riches ». Si la curie romaine connaît mieux les courants du socialisme qu'on ne le dit parfois (Liberatore cite Marx), il est certain qu'elle les inscrit en priorité dans la généalogie du mal social remontant au XVIII<sup>e</sup> siècle, du jacobinisme de 1793 au républicanisme mazzinien de 1848 puis à la Commune parisienne de 1871. *Rerum Novarum* dénonce les visées collectivistes : « Cette conversion de la propriété privée en propriété collective [...] n'aurait d'autre effet que de rendre la situation des ouvriers plus précaire en leur retirant la libre disposition de leur salaire et en leur enlevant, par le fait même, tout espoir et toute possibilité d'agrandir leur patrimoine et d'améliorer leur situation. » L'encyclique argumente longuement pour défendre le droit de propriété, qui relève du droit naturel selon la conception thomiste, et s'étend de la propriété de la terre à celle des fruits du travail : « La justice tolérerait-elle qu'un étranger vînt [...] s'attribuer et utiliser cette terre arrosée des sueurs de celui qui l'a cultivée ? De même que l'effet suit la cause, ainsi est-il juste que le fruit du travail soit au travailleur. » Le droit de propriété ne concerne d'ailleurs pas seulement l'individu, mais la famille par son chef : « La société domestique a sur la société civile une priorité logique et une priorité réelle, auxquelles participent nécessairement ses droits et ses devoirs [...]. En substituant à la

**René de La Tour du Pin,** est l'un des inspirateurs du catholicisme social en France. Contrairement à son ami Albert de Mun, il refuse le Ralliement. © Wikicommons

providence paternelle la providence de l'État, les socialistes vont contre la justice naturelle et brisent les liens de la famille », ce qui n'exclut pas une intervention de l'État en cas d'urgence.

## La solution chrétienne

Dans ce contexte, le pape légitime son droit à intervenir : « La question qui s'agite est d'une nature telle qu'à moins de faire appel à la religion et à l'Église, il est impossible de lui trouver jamais une solution. » Hommes d'État, patrons et ouvriers ne sont pas écartés, mais leur action restera vaine « en dehors de celle de l'Église ». Léon XIII rappelle d'abord le caractère inéluctable de « l'inégalité des conditions », qui découle de la nature de l'homme et permet l'organisation de la société. Il invite à supporter la douleur et la souffrance, « funestes conséquences du péché », et à agir pour « soulager nos maux » en cherchant, non pas l'affrontement de « deux classes [...] ennemies-nées », mais la concorde dont les « institutions chrétiennes » offrent des « moyens admirables et variés » depuis l'Antiquité. « Le pauvre et l'ouvrier » doivent honorer leur contrat de travail, refuser la violence et la sédition et rejeter les « discours mensongers » des « hommes pervers ». Mais les « riches » et les « patrons » doivent respecter dans l'ouvrier sa dignité d'homme, tenir compte de ses « intérêts spirituels », préserver « l'esprit de famille » et assurer le « salaire qui convient ». Léon XIII légitime par là même l'usage des richesses en le subordonnant à la vertu de charité : « Dès qu'on a accordé ce qu'il faut à la nécessité, à la bienséance, c'est un devoir de verser le superflu dans le sein des pauvres. » Il ne fait aucune concession aux penseurs catholiques favorables à une forme de propriété collective, à l'exemple de René de la Tour du Pin. Mais le primat de la charité n'exclut pas de « recourir de plus aux moyens humains ». Là se situe une partie de la nouveauté de l'encyclique, même si le pape ne tranche pas tous les débats de la décennie précédente et reste en retrait par rapport à la suggestion initiale du père Liberatore, qui relayait une partie des réflexions de l'Union de Fribourg et du comité d'études de l'Œuvre des cercles catholiques d'ouvriers.

Léon XIII reconnaît d'abord un rôle à l'État, c'est-à-dire « à tout gouvernement qui répond aux préceptes de la raison naturelle et des enseignements divins ». Il lui appartient de contribuer à l'ordre et au bien public et, pour cela, d'« améliorer le sort de la classe ouvrière ».

## Rôle de l'État et des corps intermédiaires

Il peut agir sur les conditions de travail (limitation des horaires journaliers, spécificité du travail des enfants et des femmes, lutte contre la promiscuité des sexes, repos dominical en vue de l'accomplissement du devoir religieux).

Il peut agir aussi sur le salaire, qui doit être suffisant pour que l'ouvrier puisse « parer aisément à ses besoins et à ceux de sa famille », avec des effets positifs pour la paix sociale, la production de la terre et l'arrêt de l'émigration, ce qui suppose encore que la propriété privée ne soit pas « épuisée par un excès de charges et d'impôts ». Le pape ne traite pas en revanche explicitement du salaire familial, défendu par Liberatore dans ses *Principes d'économie politique*, et s'efforce de limiter l'intervention de l'État aux situations d'abus, faute de quoi « les pouvoirs publics pourraient intervenir inopportunément, vu surtout la variété des circonstances des temps et des lieux ». En ce sens, comme le soulignait Jean-Marie Mayeur, Léon XIII reste plus proche du libéralisme tempéré de l'école dite d'Angers que de l'interventionnisme étatique de l'école dite de Liège.

La préférence du pape va aux corps intermédiaires, c'est-à-dire aux associations, sociétés de secours mutuel, patronages et corporations. Il rappelle les bienfaits des anciennes corporations et salue le courant contemporain en faveur de « sociétés de ce genre, soit composées des seuls ●●●

**Le pauvre et l'ouvrier doivent honorer leur contrat de travail, refuser la violence et la sédition et rejeter les discours mensongers des hommes pervers.**

12e ANNÉE – N° 595 | PARIS ET DÉPARTEMENTS 15 CENTIMES | 14 NOVEMBRE 1885

BORDEAUX
Bureaux : RUE CABIROL, 7

ABONNEMENTS
UN AN........ 10 fr.
SIX MOIS..... 5 »
ÉTRANGER LE PORT EN SUS

PARIS
DEPOT GÉNÉRAL ET VENTE
17, Rue Saint-Marc, 17

Distribution dans les kiosques
Chez les libraires et les marchands
de journaux.

# LE DON QUICHOTTE

Rédacteur en Chef : Ch. GILBERT-MARTIN

ANNONCES

LES ANNONCES SONT REÇUES
A L'AGENCE HAVAS
POUR LA PUBLICITÉ DE BORDEAUX
*Péristyle du Grand-Théâtre*
*côté sud.*

La ligne
Annonces sur 6 colonnes 25 c.
Réclames sur 5 colonnes 40 c.

## PAS DE RÉUSSITE !.. (Air de *Castibelza*), par GILBERT-MARTIN.

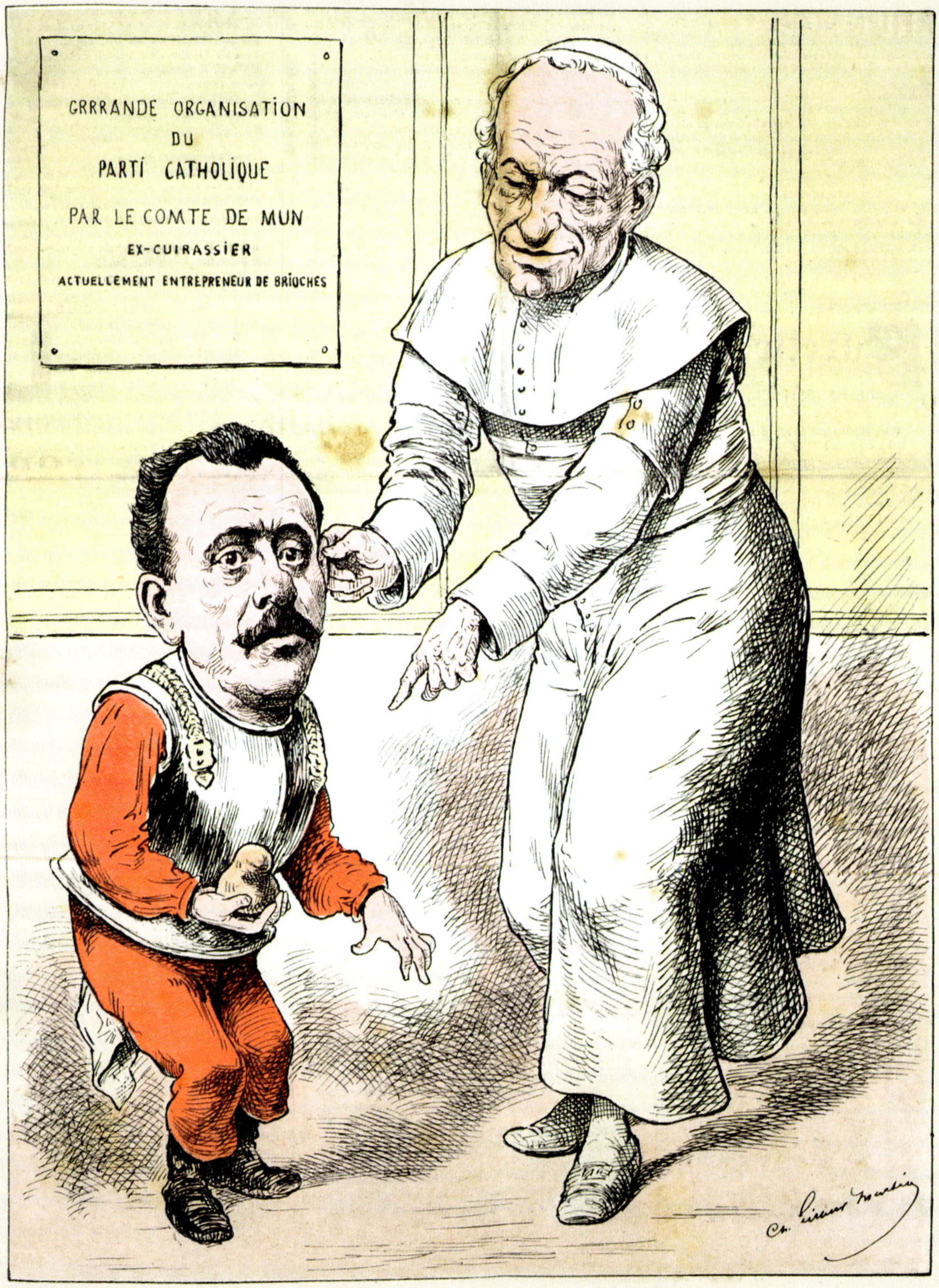

●●● ouvriers, soit mixtes, réunissant à la fois des ouvriers et des patrons». Il semble que l'incise sur les «seuls ouvriers», qui rend possible un syndicalisme séparé, ait été rajoutée au dernier moment par le pape lui-même sous la pression du cardinal Gibbons, archevêque de Baltimore, ferme soutien des Chevaliers du Travail, quelque peu suspects à Rome dans les années précédentes. Léon XIII défend le droit à l'existence de sociétés privées au sein de la société civile et face à l'État, ce qui lui permet de plaider en faveur des confréries, des ordres religieux et des congrégations combattus dans «beaucoup de pays», à l'instar de la France et de l'Italie. La création de groupes catholiques, qui visent d'abord «le perfectionnement moral et religieux», permettra aussi de contrer l'influence des associations existantes, «gouvernées par des chefs occultes» et hostiles «au nom chrétien». L'État a le droit de s'intéresser aux associations, sans s'immiscer dans leur gestion, «car le mouvement vital procède essentiellement d'un principe intérieur et s'éteint très facilement sous l'action d'une cause externe». Une fois encore, le pape est en retrait sur le modèle corporatiste orienté vers un ordre social chrétien, prôné par le père Liberatore, et les projets de corporations obligatoires, sous l'égide de l'État, émanant des chrétiens sociaux autrichiens ou des amis de René de la Tour du Pin.

**Le cardinal américain Gibbons,** aurait fait ajouter dans le texte de *Rerum Novarum* une incise autorisant les syndicats ouvriers. © Wikicommons

## Portée d'une encyclique

L'écho de l'encyclique de Léon XIII est indéniable, bien au-delà des milieux catholiques. Guillaume II n'avait-il pas invité du reste le pape à un congrès sur la question sociale à Berlin l'année précédente ? Pour la première fois, la papauté propose une analyse globale de la question sociale en n'usant pas seulement de catégories morales, mais en avançant un enseignement positif qui reprend et dépasse les condamnations antérieures de l'économie libérale et pousse à agir pour forger des institutions favorables au renouveau du catholicisme. Nombre de commentateurs saluent l'éloignement de l'Église des principes conservateurs et sa conversion au peuple, même si les socialistes ne lisent souvent dans le texte que la validation du bien-fondé de leurs analyses et si les anticléricaux y voient une ruse pour établir une nouvelle théocratie.

Dans les rangs catholiques, les positions sont diverses. Bien des évêques, peu préparés à la nouveauté ou en désaccord avec certains aspects, se contentent de publier l'encyclique sans la commenter dans un climat où toute parole pontificale semble relever de l'infaillibilité : «Vous allez entendre la voix du docteur infaillible», écrit l'archevêque de Chambéry. Les chantres de Léon XIII vont plus loin encore, tel Georges Goyau, qui célèbre un nouveau «dogme social». Il n'ignore pourtant pas l'existence des questions techniques en suspens qui continueront à être débattues au long de la décennie 1890. Mais il valorise les points de convergence qui unissent les catholiques sociaux autour du refus de l'individualisme libéral et du socialisme et les incitent à répondre à l'appel de Léon XIII avec parfois une telle audace qu'ils suscitent la réserve d'une partie de leurs coreligionnaires et finissent par inquiéter le « pape des ouvriers ».

***CHRISTIAN SORREL***

Page de gauche, **divisions au sein de l'Église.** Caricature représentant Albert de Mun et Léon XIII. Hebdomadaire *Le Don Quichotte*, 1885. Illustration de Charles Gilbert-Martin. © Bridgeman

**Famille devant son jardin potager.** Ces parcelles distribuées par les mairies sont destinées à améliorer les conditions de vie des familles ouvrières. Carte postale de la Ligue française du coin de terre et du foyer créée par l'abbé Lemire. © Bridgeman

# La génération Léon XIII entre en politique

**Institutions** Rapidement, les militants engagés socialement se heurtent aux enjeux politiques de leurs combats. Certains n'hésitent pas à se présenter devant les électeurs. Mais le courant démocrate chrétien, plus radical dans ses choix, inquiète le pape.

a publication de *Rerum Novarum* suscite une mobilisation qui amplifie les engagements sociaux des deux décennies précédentes dans les pays de l'Europe de l'Ouest et en Amérique du Nord. À l'appel du pape, une génération de clercs et de laïcs se lève, tandis que les pionniers poursuivent leur œuvre, comme Léon Harmel ou Albert de Mun en France. Elle crée des syndicats d'employés ou d'ouvriers, des caisses de secours mutuel, des banques populaires, des caisses rurales, des secrétariats du peuple. Elle renouvelle les débats que l'encyclique a orientés, sans les trancher, sur le capitalisme, l'intervention de l'État, le salaire familial et ne peut empêcher les affrontements, malgré des points d'accord fondamentaux. Elle se heurte rapidement aux enjeux politiques.

**Député-maire d'Hazebrouck,** l'abbé Jules-Auguste Lemire est à l'origine du développement des jardins ouvriers en France.


**À l'appel du pape, une génération de clercs et de laïcs se lève, tandis que les pionniers poursuivent leur œuvre, comme Léon Harmel ou Albert de Mun.**

La Belgique, qui s'engage dans un processus de démocratisation avec la révision de la constitution en 1892-1893 et l'établissement du suffrage universel, s'impose comme un bastion de l'action sociale. La démarche corporatiste associant les patrons aux ouvriers, plus développée en Flandre qu'en Wallonie, s'essouffle vite et laisse place à des organisations séparées. Dans le même temps, la création de fédérations, à diverses échelles, permet de coordonner les initiatives sociales sans perdre de vue l'objectif politique, porté par la Ligue démocratique belge créée en 1891-1892. Il en résulte un tissu militant dense, initié par les prêtres et les notables plus que par les intéressés. Il concerne d'abord le monde ouvrier avec des syndicats, des sociétés de secours mutuel, des coopératives. Il atteint aussi le monde rural par le Boerenbond, fondé en 1890, qui assure des services (caisse d'épargne, caisse de crédit, coopérative d'achat, caisse d'assurance, service juridique). Des propositions s'adressent aux patrons, aux classes moyennes, ignorées par *Rerum Novarum* (syndicat des voyageurs, employés, négociants), et aux femmes (Ligue des femmes chrétiennes de Bruxelles, Antisocialistische Vrouwenbond de Gand). Si bien des initiatives sont en gestation avant 1891, l'encyclique les stimule et conduit une partie des acteurs, dans le contexte de la résistance au socialisme, à revendiquer une autonomie politique.

## Génération Léon XIII

La variable politique intervient également en France où la coordination des initiatives sociales est plus limitée qu'en Belgique, en Allemagne ou en Italie, compte tenu des divisions des catholiques et du refus du parti catholique par Léon XIII, qui redoute son instrumentalisation au bénéfice de la monarchie. La coïncidence, chronologique et stratégique, entre l'appel à l'action sociale et l'invitation au ralliement à la République donne une coloration spécifique à la génération Léon XIII, qui va jusqu'au sacrifice de ses préférences institutionnelles, à l'instar d'Albert de Mun et de l'Association catholique de la jeunesse française qu'il avait fondée en 1886. Mais des lectures divergentes de l'encyclique perdurent entre les conservateurs, attachés aux hiérarchies sociales ●●●

**Pour Léon XIII,** la démocratie chrétienne est sociale mais pas politique. Cité du Vatican, vers 1900. © Bridgeman

●●● et réticents devant l'intervention de l'État ou les syndicats séparés, et les démocrates chrétiens, plus radicaux dans l'analyse du capitalisme et les suggestions de réformes. Les « abbés démocrates » sont souvent à la pointe de cette mouvance avec les Lemire, Naudet, Dabry, Pastoret ou Gayraud. Venus d'horizons divers, ils veulent sortir de la sacristie pour réconcilier l'Église et le peuple et mettre le christianisme dans toute la vie, dans une optique intégraliste approuvée par Léon XIII.

## Les écarts se creusent

Fondateurs d'œuvres, journalistes, conférenciers et contradicteurs des socialistes dans les salles publiques ou les cafés, ils n'hésitent pas à être candidats aux législatives en 1893 et 1898 contre les représentants de la gauche, mais aussi les monarchistes (Lemire et Gayraud sont élus). Tous ne partagent pas pourtant les mêmes positions sociales et politiques et moins encore l'idée de réforme ecclésiale avancée par Quiévrieux (« L'Église est réformable »). Les écarts se creusent à l'occasion des trois congrès de la démocratie chrétienne convoqués à Lyon en 1896-1898 et marqués par un antisémitisme d'origine anticapitaliste, infléchi par le nationalisme antidreyfusard.

En Italie, le courant démocrate chrétien fragilise l'Œuvre des Congrès, créée en 1875 par les notables intransigeants, attachés à la consigne d'abstention politique aux élections nationales imposée par Pie IX et maintenue par Léon XIII pour dénoncer la spoliation de l'État pontifical. Placée sous la tutelle des évêques, organisée de manière pyramidale à partir des paroisses, avec des sections de jeunes, d'ouvriers et d'étudiants, elle dessine un réseau serré d'œuvres et d'associations à travers le pays. Au cours de la décennie 1890, dans le sillage de l'abbé Romolo Murri, une partie des militants s'orientent vers une radicalité sociale et une action politique sous l'égide de la démocratie chrétienne dans une conjoncture tendue par la répression lancée contre l'Œuvre des Congrès par le gouvernement Di Rudini en 1898.

C'est ce contexte italien, plus encore que la situation française, qui explique le raidissement de Léon XIII à partir de 1897. En 1898, il affirme à Léon Harmel et à Giuseppe Toniolo que la démocratie chrétienne doit être comprise en son sens social. Il reprend le propos en janvier 1901 et lui donne plus d'écho avec l'encyclique *Graves de Communi* qui condamne le détournement du vocable : « Il ne faut l'employer qu'en lui ôtant tout sens politique et en ne lui attachant aucune autre signification que celle d'une bienfaisante action chrétienne parmi le peuple [...]. Les intentions et l'action des catholiques qui travaillent au bien des prolétaires ne peuvent, à coup sûr, jamais tendre à préférer un régime civil à un autre [...]. De la même façon, il faut mettre la démocratie chrétienne à couvert d'un autre grief, à savoir qu'elle consacre ses soins aux intérêts des classes inférieures, mais en paraissant laisser de côté les classes supérieures, dont l'utilité n'est pourtant pas moindre pour la conservation et l'amélioration de l'État. » En 1902, Léon XIII exige l'intégration des groupes démocrates chrétiens à l'Œuvre des Congrès qui sombre dans la crise. Il appartiendra à Pie X de trancher en la dissolvant et en réorganisant l'action catholique. Peu après, il interdira les journaux des abbés démocrates français (Naudet, Dabry) dont l'audience a décliné avec la faillite du Ralliement et la crise de la Séparation.

*C. S.*

FOCUS

# TIERS ORDRE FRANCISCAIN ET ENGAGEMENT SOCIAL

**Capitalisme** Mobilisé au service de l'action sociale, le tiers ordre franciscain traverse aussi une phase de turbulences liées aux débats politiques.

**Léon Harmel, le patron de l'usine** du Val-des-Bois, est tertiaire franciscain et organisateur des pèlerinages ouvriers à Rome. © The History Collection / Alamy

**L'éon XIII accorde une grande attention au tiers ordre franciscain,** qu'il a rejoint en 1872 et dont il a été le cardinal protecteur à partir de 1875. Dès les années 1880, il en fait un vecteur de la défense de la société chrétienne contre le naturalisme, le socialisme et la franc-maçonnerie. L'encyclique *Auspicato Concessum* (1882), la bulle *Misericors Dei Filius* (1883) et l'encyclique *Humanum Genus* (1884) l'attestent. L'effort de diffusion du tiers ordre s'intensifie après 1888, alors que le pape promeut l'union des familles franciscaines observantes, finalement décidée en 1895 et sanctionnée par la constitution apostolique *Felicitate Quadam* en 1897.

**La publication de l'encyclique *Rerum Novarum* renforce les projets de mobilisation au service de l'action sociale.** C'est le cas en France autour de Léon Harmel, le patron social de l'usine du Val-des-Bois dans la Marne, tertiaire depuis 1862 et organisateur des pèlerinages ouvriers à Rome, et des rédacteurs de la revue marseillaise *Le XX^e^ Siècle*, comme l'abbé démocrate Joseph Pastoret et le laïc Alexandre Bergasse. Avec l'accord du ministre général Luigi da Parma, Harmel réunit chez lui en juillet 1893 des représentants de sept provinces franciscaines, des prêtres séculiers et des laïcs. Le ton est anticapitaliste. Dans la foulée, une rencontre à Paray-le-Monial esquisse le passage d'une œuvre de piété à un mouvement de réflexion et d'action sociale et un comité permanent des congrès franciscains est établi, l'inspiration venant sans doute du congrès italien tenu à Novare au même moment.

**Les premiers congrès ont lieu à Limoges en 1895 et 1896, organisés l'un par les franciscains, l'autre par les capucins** qui rejoignent la démarche, malgré une sensibilité plus conservatrice. Ils invitent les tertiaires à suivre les leçons de Léon XIII en s'efforçant de préserver l'harmonie, en dépit des divergences sur l'évaluation du capitalisme, identifié ou non à ses abus, et l'équilibre entre réforme morale et réforme sociale. La crise éclate à Nîmes dès 1897, dans la mouvance du congrès démocrate-chrétien de Lyon de la fin 1896.

**L'audace franciscaine est vite jugulée. Fin 1899, Léon XIII, soucieux de préciser la notion de démocratie chrétienne, invite le nouveau ministre général à la prudence.** Le congrès de Toulouse en 1899 parle à peine de la question sociale. L'année suivante, à Rome, le vicaire général David Fleming définit le tiers ordre comme une « école de perfection chrétienne », ce qui n'exclut pas l'action sociale, sous réserve qu'elle ne dépende d'aucune école. De fait, les tertiaires continueront à servir les œuvres sociales et contribueront aux prémices de l'action catholique spécialisée dans la ligne de l'« apostolat des semblables sur les semblables » esquissé par Harmel en 1898 (Jean-Marie Mayeur).

***CHRISTIAN SORREL***

# L'Église à l'école de saint Thomas

**Philosophie** Face aux maux du temps, le pape entend restaurer l'enseignement du thomisme et encourage la fondation d'établissements d'enseignement supérieur. Dans le renouveau porté par Léon XIII, la dimension intellectuelle est centrale.

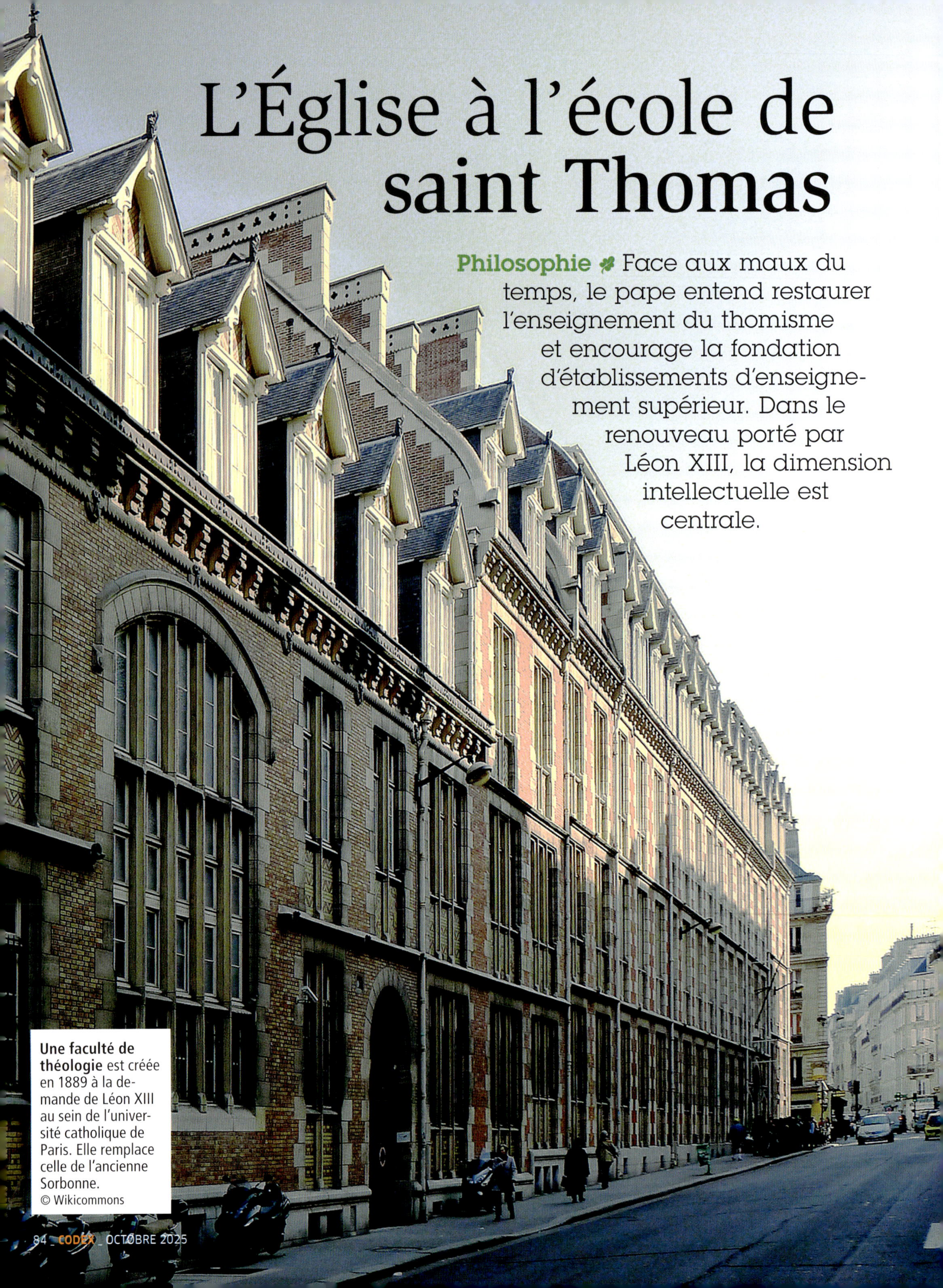

**Une faculté de théologie** est créée en 1889 à la demande de Léon XIII au sein de l'université catholique de Paris. Elle remplace celle de l'ancienne Sorbonne.
© Wikicommons

Les menaces pesant sur l'avenir du catholicisme à la fin du XIX^e siècle pouvaient-elles être toutes ramenées à une cause générique ? Les Pères conciliaires de Vatican I en avaient estimé ainsi, et la constitution dogmatique *Dei Filius* qu'ils avaient adoptée à l'unanimité le 12 avril 1870, aussitôt promulguée par Pie IX, avait mis l'accent sur l'harmonie qu'il fallait rétablir entre la foi et la raison, par-delà les éclectismes ou les séparations de la pensée philosophique moderne. Sans citer explicitement Thomas d'Aquin, le propos convoquait cependant son héritage, dressé contre le rationalisme et le scientisme qui triomphaient dans l'air du temps, contre le panthéisme ou le fidéisme également : « Que nul ne soit trompé par la philosophie et la vaine sophistique… […] Quoique la foi soit au-dessus de la raison, il ne peut jamais y avoir de véritable désaccord entre la foi et la raison ; car c'est le même Dieu qui révèle les mystères et communique la foi, qui a répandu dans l'esprit humain la lumière de la raison, et Dieu ne peut se nier lui-même, ni le vrai contredire jamais le vrai. » Alors archevêque de Pérouse, sensible à toutes les dimensions de la « synthèse thomiste », de la métaphysique à la philosophie politique et sociale, le futur Léon XIII s'était d'ores et déjà attaché à restaurer l'enseignement du **thomisme** dans son séminaire et dans la vie intellectuelle de son diocèse. Dès son temps de formation, le docteur médiéval dont il admirait la puissance intégratrice lui était apparu comme « l'archimandrite des théologiens ». Jésuite et enseignant, son frère aîné Giuseppe Pecci s'était d'ailleurs illustré parmi les pionniers d'un précoce « retour à saint Thomas » italien : le distinguant en même temps que Newman et que le dominicain d'origine corse Tommaso Zigliara, Léon XIII le crée cardinal puis le nomme préfet de « l'Académie romaine de saint Thomas d'Aquin », fondée à l'automne 1879 dans la foulée de l'encyclique *Aeterni Patris* sur la « philosophie chrétienne », publiée le 4 août. Zigliara de son côté est placé avec deux autres cardinaux à la tête de la « Commission léonine », chargée de l'édition critique de saint Thomas dans ses œuvres complètes. Mise en œuvre par des dominicains, la tâche se prolonge encore aujourd'hui, puisque le « docteur angélique » mort en 1274 après avoir enseigné à Paris, à Rome ou à Naples, avait légué à la postérité une œuvre composite immense, traités, commentaires et Sommes, dont il fallait reconstituer la genèse et la cohérence interne, à travers la collecte des variantes et leur généalogie, les erreurs de copistes et quelques apocryphes. Ainsi, à côté de ses effets proprement doctrinaux, *Aeterni Patris* devait aussi marquer un tournant pour l'historiographie et la philologie.

**Thomisme :** école de pensée philosophique et théologique inspirée des écrits de saint Thomas d'Aquin.

### *Mater et Magistra*

À l'orée du nouveau pontificat, ces fermes prescriptions l'indiquent : dans le vaste redéploiement de la fonction pontificale qui s'impose après la fin des États pontificaux et auquel le nouveau titulaire de la charge entend s'atteler, l'élément intellectuel est tout à fait premier et essentiel. Plus que jamais, la Rome pontificale entend s'affirmer comme « Mater et Magistra » et la papauté contemporaine, se constituant en centrale idéologique, aura autant besoin de professeurs que de nonces et de diplomates : dans son nouvel ordre de mission, la philosophie chrétienne doit donc être tant le « boulevard » de la foi que son « rempart », préservant les vérités naturelles et révélées de toutes les corruptions de l'erreur, nettoyant les intelligences avant l'acte de foi, veillant à la bonne articulation des savoirs. C'est aussi de ses ressources herméneutiques et épistémologiques qu'est attendue la « droite régulation » des sciences, qu'elles soient positives ou humaines. Non sans recompositions romantiques de la « Chrétienté » médiévale, Léon XIII espère également restaurer l'universalité de la culture catholique telle qu'elle avait existé au Moyen Âge, avant que

**Alors archevêque de Pérouse, le futur Léon XIII s'était d'ores et déjà attaché à restaurer l'enseignement du thomisme dans son séminaire et dans son diocèse.**

① **Le philosophe Maurice Blondel** interroge : saint Thomas peut-il devenir l'apôtre des temps modernes ? © DR

② **Étienne Gilson,** à la Sorbonne et au Collège de France, fait revivre un continent disparu : la philosophie médiévale.

③ **Jacques Maritain** se saisit de toutes les questions disputées et place le thomisme au cœur de l'actualité.

④ **Mgr Maurice d'Hulst** est le fondateur et le premier recteur de l'Institut catholique de Paris. © Wikicommons

●●● Descartes, Hume ou Kant n'aient imprimé à la pensée des chemins jugés tant subjectifs qu'étroitement nationaux : le flux ultramontain qui irrigue l'Église, et qui conduit désormais à Rome l'élite des séminaristes et des jeunes religieux, au temps décisif de leur formation ecclésiastique, exige d'ailleurs que leur soit dispensé un enseignement cohérent et unifié, qui pourra être porté ensuite jusqu'aux périphéries de l'Église par la densification ou la réforme des institutions catholiques d'enseignement supérieur.

En termes plus institutionnels, on dira que Léon XIII dotait ainsi l'Église d'une «philosophie officielle», statut sur lequel veilleront jalousement les «docteurs romains», qui ouvre à la pensée de saint Thomas tous les séminaires, tous les couvents d'étude, toutes les universités catholiques, restituant entre les divers pôles de recherche et de formation une sorte de langue philo-

**En termes plus institutionnels, on dira que Léon XIII dotait ainsi l'Église d'une «philosophie officielle», statut sur lequel veilleront les «docteurs romains».**

sophique et théologique commune, dans une diversité longtemps très contrôlée d'accents. Car cette officialité ambiguë entraîne inévitablement des effets pervers qui motiveront les résistances : le retour à saint Thomas initié ressuscite aussi les « **scolastiques** », et n'évite ni les querelles d'interprétation, ni les lourdeurs pédagogiques – menacé tant par le conformisme superficiel du « thomisme de manuel » que par les pétrifications d'un archéologisme intégriste. Pouvait-il vraiment devenir « l'apôtre des Temps modernes » ? Dès 1896, le doute est instillé par Maurice Blondel, s'attirant bien des inimitiés par sa fameuse *Lettre sur les exigences de la pensée contemporaine en matière d'apologétique*.

**Scolastique :** philosophie et théologie enseignées au Moyen Âge et jusqu'au XVIIe siècle dans les universités.

## Thomas reste mobilisé

*Roma locuta* cependant… et les effets ne tardent guère ; dans le cas particulier de la France, ces orientations accompagnent la naissance, après 1875, et la première gestation des Instituts catholiques, celui de Paris notamment, avec Mgr d'Hulst. On sait qu'elles seront tout particulièrement bien accueillies à l'université catholique de Louvain où le futur cardinal Mercier fonde en 1889 un « Institut supérieur de philosophie » qu'il entend dédier spécialement à la confrontation du thomisme et des sciences contemporaines. Sa *Revue néo-scolastique* (1894) rejoint les premières revues de recherche fondées à Rome, Naples ou Plaisance (*Divus Thomas*) et la *Revue thomiste* (1893) des dominicains français Coconnier, Gardeil et Mandonnet, éditée à Fribourg, pour donner au « renouveau thomiste » un large bassin de réception et de respiration, de vulgarisation, de controverse. Lorsque, par-delà les clercs, le pape convoque l'ensemble du « mouvement catholique » à de nouvelles tâches politiques et sociales, Thomas reste mobilisé dès qu'il s'agit de poser des principes, des fondations, des fins : philosophie chrétienne et politique chrétienne se connectent comme les phases spéculative et pratique du même problème. Distillées par les cercles d'études, les grandes notions « aristotélico-thomistes » viennent charpenter et habiller les programmes de société en quête du « bien commun ».

Par-delà le pontificat de Léon XIII, et malgré les tourbillons contraires de la « crise moderniste », qui accompagne la mise en place de tous ces dispositifs de transmission, puis ceux de la Première Guerre mondiale, cette cartographie doctrinale se complète dans les pontificats suivants, de Pie X puis de Benoît XV : encore consacré par Pie XI en 1923 comme le « docteur commun », saint Thomas aura aussi ses disciples à l'université du Sacré-Cœur de Milan fondée en 1920 par le franciscain Gemelli, à l'université catholique de Lublin (1918) que se donne la Pologne renaissante, ou, pour les Pays-Bas, à celle de Nimègue (1923). Quant à sortir des sacristies, on sait que c'est à Paris que se produit d'abord ce miracle imprévu, lorsque deux jeunes maîtres résolument laïcs, Jacques Maritain et Étienne Gilson, introduisent et font fructifier les héritages thomistes sur des terrains moins attendus. Flamboyant, résolument missionnaire et se saisissant de toutes les « questions disputées » de l'entre-deux-guerres, le « thomisme vivant » de Maritain fait « redescendre saint Thomas dans la rue », tandis qu'accompagné bientôt par toute la cohorte des théologiens médiévaux, il revient hanter la Sorbonne puis le Collège de France à travers l'œuvre historique de Gilson. En renouant les fils longtemps brisés de l'histoire de la philosophie, la pensée médiévale est redécouverte comme un continent disparu, « *translatio studiorum* » dont bénéficie également l'Amérique du Nord, où l'influence des deux maîtres français se conjugue bientôt, à Harvard, Chicago, Columbia ou Princeton, après la fondation par Gilson dès 1929 d'un premier Institut d'Études médiévales avec les pères basiliens de Toronto. Ainsi impulsé et universalisé, le « moment néo-thomiste » polarisera le champ de la pensée catholique, jusqu'au concile Vatican II inclus, entretenant avec tous les autres « renouveaux », de pensée (biblique, patristique, liturgique ou ecclésiologique) ou de militances, des relations parfois concurrentielles et tendues mais toujours nourricières.

**MICHEL FOURCADE,**
*maître de conférences, Montpellier III*

**Vue de la place Saint-Pierre** bondée de pèlerins et de fiacres, fin XIXe siècle. © Bridgeman

# La Vierge Marie, pivot du dessein léonin

**Spiritualité** Léon XIII est un pape marial. Il a consacré onze encycliques au rosaire et une douxième à la Vierge Marie. Il encourage aussi le culte du Sacré-Cœur. Autant de moyens pour lui de promouvoir le règne social du Christ.

Du pontificat de Léon XIII, l'historien retient en premier lieu l'action diplomatique et l'enseignement politique et social, en laissant dans l'ombre la dimension spirituelle. Or celle-ci est indissociable de la vision de la société promue par l'ancien évêque de Pérouse, fidèle aux dévotions à la Vierge Marie et au Sacré-Cœur.

**Le Rosaire constitue une réponse adéquate à la « tempête de maux au milieu de laquelle l'Église lutte si durement » *(Octobri Mense)*.**

Marie est au cœur du message spirituel du pape. Il l'évoque avant tout à travers la prière du Rosaire, développée par les dominicains à partir du XIII^e siècle et matérialisée par le chapelet. De 1883 à 1898, de *Supremi Apostolatus* à *Diuturni Temporis*, il publie onze encycliques sur le sujet : « Le Rosaire inonde l'âme de ceux qui le récitent dévotement d'une douceur de piété toujours nouvelle » (*Magnae Dei Matris,* 1892). Il constitue une réponse adéquate à la « tempête de maux au milieu de laquelle l'Église lutte si durement », explique *Octobri Mense* en 1891. « Que l'universalité des fidèles », ajoute le pape, demande à Marie « d'intercéder auprès de son Fils pour que les nations dévoyées reviennent aux institutions et aux principes chrétiens, qui constituent la base du salut public et qui donnent une abondante floraison de la paix si désirée et du vrai bonheur. »

## Une « vie simple et laborieuse »

D'une encyclique à l'autre, Léon XIII reprend sans cesse ce thème pour inviter les fidèles à rénover les confréries, à se rassembler et à processionner si la conjoncture le permet, en insistant sur l'efficacité plus grande de la « prière publique » que de la « prière privée ». La méditation des mystères joyeux répond au dégoût contemporain d'une « vie simple et laborieuse », celle des mystères douloureux permet de surmonter la « répugnance à la souffrance » et celle des mystères glorieux combat « l'oubli de la vie future » (*Laetitia Sanctae*, 1893). Le corpus ainsi bâti définit en même temps la figure de Marie, modèle et éducatrice, mère et souveraine, co-rédemptrice et médiatrice des grâces (*Magnae Dei Matris*, 1893 ; *Jucunda Semper Expectatione*, 1894). En 1895 (*Adiutricem Populi*) et 1896 (*Fidentem Piumque Animum*), le pape présente la Vierge comme la « gardienne de l'unité » et le Rosaire comme l'« instrument » de cette unité dans la perspective du rapprochement avec les chrétiens orientaux.

Saint Joseph n'est pas absent de l'enseignement de Léon XIII, qui place son pontificat sous sa protection. En 1889, dans l'encyclique *Quamquam Pluries*, il ouvre la voie à une théologie de l'époux de la Vierge qu'il donne comme patron aux pères de famille et aux travailleurs. La publication de l'encyclique *Rerum Novarum* amplifie le mouvement. Parallèlement, à partir de 1892, le Saint-Siège promeut la dévotion des familles à la Sainte-Famille de Nazareth aux dépens de la consécration des familles au Sacré-Cœur proposée par les responsables jésuites de l'Apostolat de la Prière en 1889.

Le pape ne néglige pas pour autant le culte du Sacré-Cœur, qui connaît de nouveaux développements depuis la béatification en 1864 de la visionnaire de Paray-le-Monial, la visitandine du XVII^e siècle Marguerite-Marie Alacoque. L'articulation entre cette dévotion, la piété eucharistique et le thème du règne social du Christ progresse à la fin du XIX^e siècle à l'occasion des congrès eucharistiques internationaux par l'action de personnalités comme le jésuite Giovanni Maria Sanna Solaro et le fondateur des Prêtres du Sacré-Cœur, Léon Dehon. Les débats ne manquent pas sur la conception de ce règne social dans le sillage de *Rerum Novarum*. À l'approche du jubilé de 1900, le premier célébré publiquement depuis 1825, ses défenseurs suggèrent un Solennel Hommage à Jésus-Christ Rédempteur et à son Vicaire. Léon XIII l'accepte dans l'encyclique *Annum Sacrum* de 1899 qui entérine une partie de leurs thèses. Il affirme le pouvoir royal du Christ sur les nations comme sur les personnes et invite les catholiques à un acte public de consécration au Sacré-Cœur valant engagement pour la réalisation d'un ordre politique et social fondé sur la reconnaissance des droits de Dieu. En 1902, le pape consacre l'une de ses dernières encycliques, *Mirae Caritatis*, à l'eucharistie en insistant sur la force de transformation sociale du sacrement en phase avec le mouvement des congrès eucharistiques. Il ouvre ainsi la voie à de nouveaux développements, qu'il appartiendra à ses successeurs de préciser autour de la fête liturgique du Christ-Roi, instituée en 1925.

**CHRISTIAN SORREL**

# Vrai ou faux ?

## Léon XIII a permis le renouveau du thomisme

**Vrai** Avant même l'accès au pontificat, en tant qu'évêque de Pérouse, Mgr Pecci se montre très favorable à la pensée de Thomas d'Aquin, dont le retour dans la pensée catholique s'observe dès le second tiers du XIXe siècle. En août 1879, le thomisme est mis en avant dans l'encyclique *Aeterni Patris*, qui encourage son étude. Le jésuite Matteo Liberatore, auteur en 1889 des *Principes d'économie politique* et le cardinal dominicain Tommaso Maria Zigliara ont contribué à ce renouveau thomiste. La pensée de Thomas d'Aquin possède aux yeux de Léon XIII un triple avantage : elle permet de penser les rapports entre la foi et la raison tels que le concile les a définis dans la constitution *Dei Filius*, d'intégrer et de consolider les progrès du savoir contemporain et d'affirmer l'ecclésiologie romaine centralisatrice. Le pape va du reste donner son nom à la Commission léonine, un groupe de dominicains chargés de rééditer les œuvres latines de Thomas d'Aquin.

**Tombeau de Léon XIII** dans la basilique Saint-Jean-de-Latran. Un ouvrier à son côté. © M. Davidson/Alamy

## Le conclave aboutissant à l'élection de Léon XIII fut exceptionnel

**Vrai** Le conclave qui aboutit à l'élection de Léon XIII est exceptionnel à plusieurs titres. D'abord, ce conclave est l'un des plus courts de l'histoire avec une durée de deux jours, les 19 et 20 février 1878. Il nécessite seulement trois tours de scrutin. Lors du premier, vingt-trois voix se portent sur l'archevêque de Pérouse, tandis que les autres se dispersent. Lors du second, Pecci obtient 38 voix. L'élection est finalement acquise le 20 février, par 44 voix. Ensuite, ce conclave se distingue par ses lieux : les cardinaux se réunissent dans la chapelle Sixtine, dans l'enceinte du Vatican (et non au palais du Quirinal) et la bénédiction *urbi et orbi* du nouveau pape se fait vers l'intérieur, depuis le balcon donnant sur la nef de la basilique. Cette situation s'explique enfin par un double contexte, celui de la question romaine et de l'unification italienne au cours de laquelle Rome a été prise par les troupes piémontaises en 1870.

## Le tombeau de Léon XIII le représente aux côtés d'un ouvrier

**Vrai** Le tombeau, située dans la basilique du Latran et réalisé en 1907, représente un ouvrier à côté du pape. Il s'agit de rendre hommage à sa doctrine sociale. En effet, dans *Rerum novarum* (1891), Léon XIII justifie le droit de l'Église d'intervenir dans le domaine social. Dans le contexte des premières révolutions industrielles, il observe les changements induits par l'industrialisation : « Les rapports entre patrons et ouvriers se sont modifiés. La richesse a afflué entre les mains d'un petit nombre et la multitude a été laissée dans l'indigence. » C'est pourquoi l'intervention de l'Église est indispensable : « La question qui s'agite est d'une nature telle qu'à moins de faire appel à la religion et à l'Église, il est impossible de lui trouver jamais une solution. » Le pape invite donc les patrons à respecter dans l'ouvrier sa dignité d'homme, à tenir compte de ses « intérêts spirituels », à préserver « l'esprit de famille » et à lui assurer le « salaire qui convient ».

## Léon XIII a choisi son nom pour rendre hommage à Léon XII

**Vrai** et **Faux** Si Léon XIV a choisi son patronyme en référence à Léon XIII (1878-1903), on peut supposer que ce dernier a choisi le sien en hommage à Léon XII (1823-1829). En effet, Léon XIII admirait ce pape qu'il avait eu l'occasion de découvrir en 1824, lorsqu'il faisait lui-même ses débuts à l'Académie des nobles ecclésiastiques. Son encyclique *Rerum novarum* emprunte du reste à Léon XII la formule *instaurare omnia in Christo*, « Tout restaurer dans le Christ », utilisée dans la bulle d'indiction du jubilé de 1825. Mais Léon XIII se place aussi dans la continuité d'un autre pontife du même nom, Léon le Grand : ce pape du Ve siècle, auteur de nombreuses lettres et homélies, est célèbre pour avoir défendu la primauté romaine et pour avoir affronté Attila aux portes de Rome. Ce n'est donc pas sans raison qu'il est l'un des seuls papes à être surnommé ainsi, avec Grégoire le Grand.

## Le « Ralliement » est initié par le « toast d'Alger »

**Vrai** Le « Ralliement » désigne le soutien des catholiques français aux nouvelles institutions républicaines françaises : ce soutien est vivement encouragé par Léon XIII dans l'encyclique *Au milieu des sollicitudes* (1892). Les origines de ce rapprochement sont à rechercher deux ans plus tôt, à Alger : le 12 novembre 1890, le cardinal Lavigerie, au cours d'une cérémonie officielle, porte un toast à la République française devant les autorités politiques militaires et religieuses : « Quand la volonté d'un peuple s'est nettement affirmée, que la forme d'un gouvernement n'a rien de contraire [...] aux principes qui peuvent faire vivre les nations chrétiennes et civilisées, lorsqu'il faut, pour arracher son pays aux abîmes qui le menacent, l'adhésion sans arrière-pensée à cette forme de gouvernement, le moment vient de sacrifier tout ce que la conscience et l'honneur permettent [...] pour l'amour de la patrie. » Ce « toast » suscite aussi bien la stupeur que la polémique chez les catholiques, souvent monarchistes.

## Léon XIII a condamné l'abolition de la propriété privée

**Vrai** Dans *Rerum Novarum*, Léon XIII dénonce effectivement les visées collectivistes socialistes : « Cette conversion de la propriété privée en propriété collective [...] n'aurait d'autre effet que de rendre la situation des ouvriers plus précaire en leur retirant la libre disposition de leur salaire et en leur enlevant, par le fait même, tout espoir et toute possibilité d'agrandir leur patrimoine et d'améliorer leur situation. » Dans l'encyclique, le pape défend le droit de propriété car, selon la conception thomiste, il relève du droit naturel. Celui-ci concerne non seulement la propriété de la terre, mais aussi celle des fruits du travail : « La justice tolérerait-elle qu'un étranger vînt [...] s'attribuer et utiliser cette terre arrosée des sueurs de celui qui l'a cultivée ? De même que l'effet suit la cause, ainsi est-il juste que le fruit du travail soit au travailleur. »

## Léon XIII se montre en revanche favorable au libéralisme

**Faux** Dans le contexte de l'industrialisation et de l'émergence des idées socialistes, le pape estime que l'Église se doit d'intervenir et critique le libéralisme économique. Il reconnaît que l'État, c'est-à-dire « tout gouvernement qui répond aux préceptes de la raison naturelle et des enseignements divins », a son rôle à jouer. Il doit maintenir l'ordre, se soucier du bien public et « améliorer le sort de la classe ouvrière ». Les critiques du libéralisme dans les rangs catholiques s'observent dès les années 1830. Ainsi, le vicomte de Villeneuve-Bargemont soutient l'idée d'une « économie politique chrétienne », qui établirait « une juste et sage distribution des produits de l'industrie » et une « équitable rémunération du travail ». Des revues, telles les *Annales de la charité* ou la *Société d'économie charitable*, se consacrent à la question. Plusieurs évêques, touchés par la misère des ouvriers, prennent également la parole et la plume pour dénoncer l'injustice subie par les travailleurs.

## Léon XIII est le premier pape à condamner l'esclavage.

En partie **Faux** Le nom de Léon XIII est à juste titre associé à la lutte contre l'esclavage. Mais d'autres papes avant lui avaient ouvert la voie, tel Grégoire XVI qui, dans la bulle *In supremo apostolatus* du 3 décembre 1839, reprenait des idées d'Eugène IV (1435) ou Paul III (1537) en exigeant « que personne désormais n'ait l'audace de tourmenter injustement des Indiens, des Nègres et d'autres hommes de cette sorte, de les dépouiller de leurs biens ou de les réduire en esclavage ». Néanmoins, avec les encycliques *In Plurimis* (1888) et *Catholicae Ecclesiae* (1890), Léon XIII exprime clairement son opposition à l'esclavage dans la mesure où celui-ci est contraire à la doctrine chrétienne. En effet, en s'appuyant sur la Bible et Grégoire le Grand, il affirme que « c'est chose salutaire de rendre, par le bienfait de l'affranchissement à la liberté, dans laquelle ils sont nés, les hommes que la nature a fait libres dès l'abord et à laquelle le droit des gens a substitué le joug de la liberté ».

## Léon XIII est un pape diplomate

**Vrai** Dans le contexte de l'unification italienne et de la perte des États pontificaux, Léon XIII veut éviter l'isolement du Vatican, mais aussi défendre les intérêts des catholiques, favoriser les missions et réintroduire l'Église sur la scène internationale. C'est pourquoi son activité diplomatique est d'une grande intensité. Il s'appuie alors sur son expérience dans ce domaine, puisqu'il a été successivement délégué du Saint-Siège dans les villes de Bénévent et de Pérouse, nonce apostolique à Bruxelles et archevêque-évêque à Pérouse. C'est ainsi qu'il choisit l'apaisement avec la Russie comme avec l'Allemagne luthérienne, ou encourage le ralliement des catholiques français à la IIIe République. Il tente également de nouer des contacts avec le Japon et la Chine. Mais il ne peut éviter l'affrontement armé entre l'Espagne et les États-Unis en 1898 et s'inquiète de la course aux armements en Europe.

**SOPHIE DELMAS**

# Jouer pour retenir

**Défi** Pour apprendre en s'amusant, *Codex* revisite de façon ludique les grandes thématiques du dossier.

## MOTS FLÉCHÉS

Voici les armes de Léon XIII. **Pour découvrir la devise qui les accompagne, remplissez cette grille à l'aide des indications suivantes, et elle apparaîtra dans la colonne colorée.**

1 Pays natal de Léon XIII.

2 Ville dont il fut évêque.

3 Saint penseur qu'il remit à l'honneur.

4 Saint sous la protection duquel il place son pontificat.

5 Tiers-ordre dans lequel il entre en 1872.

6 Nom du pape qui le précède et de celui qui lui succède.

7 Un de ses prénoms.

8 Son nom de famille.

9 Sujet auquel il dédie onze encycliques.

10 Adhésion d'une partie des catholiques français à la IIIe République, à l'appel de Léon XIII.

11 Ville où il fut nonce apostolique.

12 Industriel français proche du pape Léon XIII, qui s'inspire de sa pensée pour devenir un apôtre de la doctrine sociale de l'Église.

## MÉLI-MÉLO D'ENCYCLIQUES.

Tout au long de son pontificat, Léon XIII a rédigé 86 encycliques ! Il bat ainsi largement le record de 38 encycliques, jusque-là détenu par son prédécesseur, et n'est toujours pas détrôné. En voici dix, particulièrement importantes.

**Saurez-vous recomposer leurs titres et les relier au thème dont elles abordent ?**

- 1884 : Humanum
- 1885 : Immortale
- 1888 : Libertas
- 1888 : In
- 1889 : Quamquam
- 1891 : Rerum
- 1892 : Au milieu
- 1893 : Laetitiae
- 1899 : Annum
- 1902 : Mirae

- Caritatis
- Sacrum
- Genus
- Pluries
- Plurimis
- Sanctae
- novarum
- des sollicitudes
- Praestantissimum
- Dei

- l'usage de la Liberté donnée à l'homme
- appel des catholiques de France à accepter les institutions républicaines
- l'Eucharistie
- le rapport Église-État
- consécration du genre humain au Sacré-Cœur
- le Rosaire
- la question ouvrière
- saint Joseph et la Sainte Vierge
- la condamnation de l'esclavage
- la franc-maçonnerie

**CHARADE.** En 1887, Léon XIII reçoit en audience un groupe dont fait partie une future grande sainte. Celle-ci désobéit alors au protocole pour lui demander une faveur.
**Pour connaître son nom, résolvez cette charade :**

**Mon premier** est l'un des quatre éléments qui composent l'Univers.
**Mon deuxième** est une sorte de contentement.
**Mon troisième** est apprécié des canards.
**Mon dernier** brunit en été.

# DES PRIÈRES SIGNÉES LÉON XIII

Léon XIII nous a laissé ces deux magnifiques prières en héritage. La première, qu'il recommande de réciter à la fin du chapelet, s'adresse à saint Joseph ; la seconde, que le prêtre disait après la messe, à saint Michel.
**Pour les découvrir, il suffit de remplir les trous avec les mots manquants ci-dessous :**
**épouse ; besoins ; pieusement ; corruption ; tribulation ; embûches ; perdre ; combat ; Famille ; sang ; ténèbres ; démon.**

© DR

Nous recourons à vous dans notre **(a)** ______, ô bienheureux Joseph, et, après avoir imploré le secours de votre très sainte **(b)** ______ nous sollicitons aussi avec confiance votre patronage. Par l'affection qui vous a uni à la Vierge immaculée, Mère de Dieu ; par l'amour paternel dont vous avez entouré l'Enfant Jésus, nous vous supplions de regarder avec bonté l'héritage que Jésus-Christ a conquis au prix de son **(c)** ______, et de nous assister de votre puissance et de votre secours dans nos **(d)** ______. Protégez, Ô très sage gardien de la divine **(e)** ______, la race élue de Jésus-Christ ; Préservez-nous, ô Père très aimant, de toute souillure d'erreur et de **(f)** ______ ; soyez-nous favorable, ô notre très puissant libérateur. Du haut du ciel assistez-nous dans le combat que nous livrons à la puissance des **(g)** ______ ; et, de même que vous avez arraché autrefois l'Enfant Jésus au péril de la mort, défendez aujourd'hui la sainte Église de Dieu des **(h)** ______ de l'ennemi et de toute adversité. Couvrez chacun de nous tous de votre perpétuelle protection, afin que, soutenus par votre secours, nous puissions vivre saintement, **(i)** ______ mourir et obtenir la béatitude éternelle du Ciel.

© DR

Saint Michel Archange, défendez-nous dans le **(j)** ______ ; soyez notre secours contre la malice et les embûches du **(k)** ______. Que Dieu lui fasse sentir son empire, nous vous en supplions. Et vous, Prince de la milice céleste, repoussez en enfer, par la force divine, Satan et les autres esprits mauvais qui rôdent dans le monde en vue de **(l)** ______ les âmes.

## LES RÉPONSES

**Mots fléchés : 1 :** Italie / **2 :** Pérouse / **3 :** Thomas / **4 :** Joseph / **5 :** franciscain / **6 :** Pie / 7 : Vincenzo / **8 :** Pecci / **9 :** rosaire / **10 :** ralliement / **11 :** Bruxelles / **12 :** Léon Harmel. Devise de Léon XIII : LUMEN IN COELO. Elle signifie « Une lumière dans le Ciel ».
**Méli-mélo d'encycliques :** 1884 : *Humanum Genus* : la franc-maçonnerie ; 1885 : *Immortale Dei* : le rapport Église-État ; 1888 : *Libertas Praestantissimum* : l'usage de la Liberté donnée à l'homme ; 1888 : *In Plurimis* : la condamnation de l'esclavage ; 1889 : *Quamquam Pluries* : saint Joseph et la Sainte Vierge ; 1891 : *Rerum novarum* : la question ouvrière ; 1892 : *Au milieu des sollicitudes* : appel des catholiques de France à accepter les institutions républicaines ; 1893 : *Laetitiae Sanctae* : le Rosaire ; 1899 : *Annum Sacrum* : consécration du genre humain au Sacré-Cœur ; 1902 : *Mirae Caritatis* : l'Eucharistie.
**Charade :** Thérèse Martin (Terre – Aise – Mare – Teint). Elle demande à Léon XIII l'autorisation d'entrer au Carmel malgré son jeune âge.
**Des prières signées Léon XIII : a :** tribulation ; **b :** épouse ; **c :** sang ; **d :** besoins ; **e :** Famille ; **f :** corruption ; **g :** ténèbres ; **h :** embûches ; **i :** pieusement ; **j :** combat ; **k :** démon ; **l :** perdre.

# COMPLÉTEZ VOTRE COLLECTION DE CODEX

Pour vous procurer les anciens numéros de Codex, il vous suffit de passer commande **sur notre site** **revue-codex.fr**

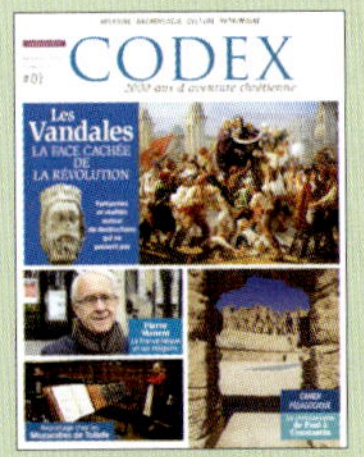

01 Les Vandales, la face cachée de la Révolution

02 Galilée, l'astronomie devant le Saint-Office

03 Jésus, ce que savent historiens et archéologues

04 L'Action française, les grandes heures de la Ligue

05 Luther, un moine contre les papes

06 Les Françaises et Dieu, l'invention du féminisme

07 Les évangiles apocryphes, enquête sur un continent disparu

08 Al-Andalus, la vie quotidienne des minorités

09 Soljenitsyne, du Goulag au Prix Nobel

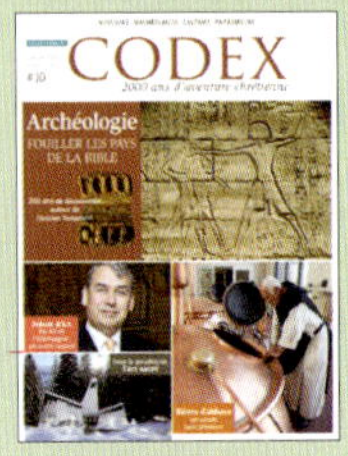

10 Archéologie, fouiller les pays de la Bible

11 Le mythe jésuite, à l'origine des théories du complot

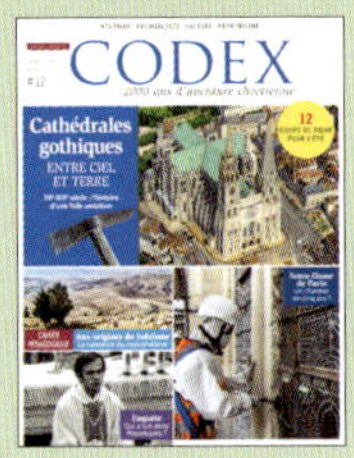

12 Cathédrales gothiques, entre ciel et terre

13 Les Barbares, des grandes invasions au baptême de Clovis

14 L'école, la jeunesse au cœur de la querelle scolaire

15 Jeanne d'Arc, une héroïne en procès

16 La Terre d'Israël, au temps de Jésus

17 États-Unis, la longue marche des catholiques

18 Viollet-le-Duc, les combats d'un précurseur

19 Compostelle, le pèlerinage au bout du monde

20 Napoléon, la bataille perdue contre le pape

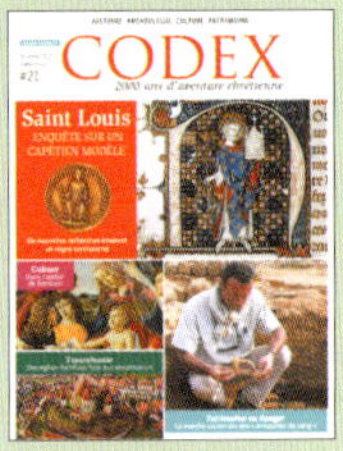

21 Saint Louis, enquête sur un Capétien modèle

22 L'Afrique chrétienne, des Pères de l'Église à l'invasion arabe

23 Jésus, le rabbi galiléen, a-t-il voulu fonder une religion ?

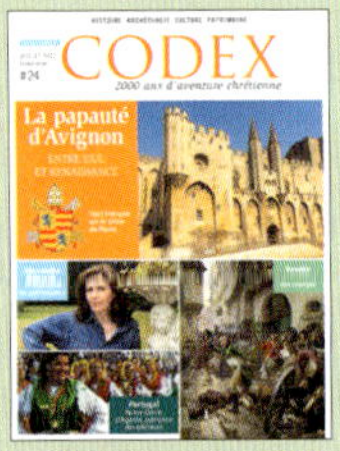

24 La papauté d'Avignon entre exil et renaissance

25 Thomas More, l'homme qui résista à Henri VIII

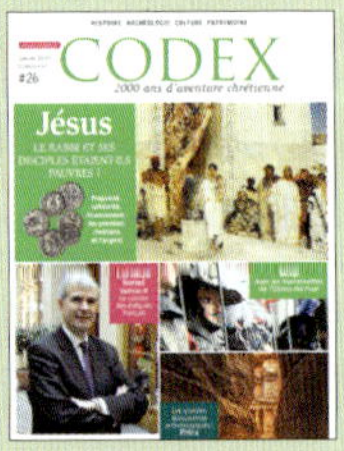

26 Jésus. Le rabbi et ses disciples étaient-ils pauvres ?

27 La chute de Constantinople et la fin de l'Empire romain d'Orient

28 Le Mont-Saint-Michel, une épopée millénaire

29 Malte, frontière de chrétienté en Méditerranée

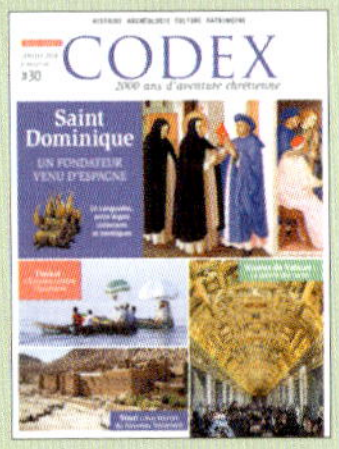

30 Saint Dominique, un fondateur venu d'Espagne

31 Paul un Juif de la diaspora, apôtre des nations

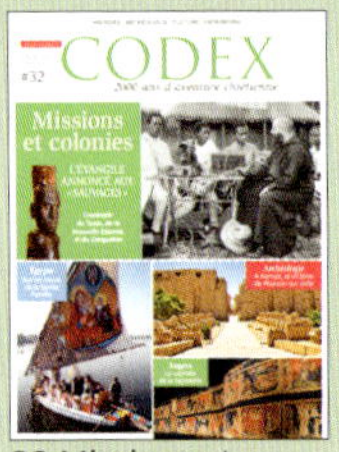

32 Missions et colonies, l'Évangile « annoncé aux sauvages »

33 Les guerres de Religion, du massacre de Wassy à l'édit de Nantes

34 Marco Polo, de Venise à Pékin

35 Teilhard de Chardin, entre science et religion

« Si la forme est réussie, c'est sans compter le fond qui est de très grande qualité, tant les dossiers proposés sont variés et passionnants. **Un magnifique travail éditorial** qu'il faut saluer et qui élargit notre connaissance de l'histoire et de la culture chrétienne de par le monde. »

**Librairie La Procure Paris**

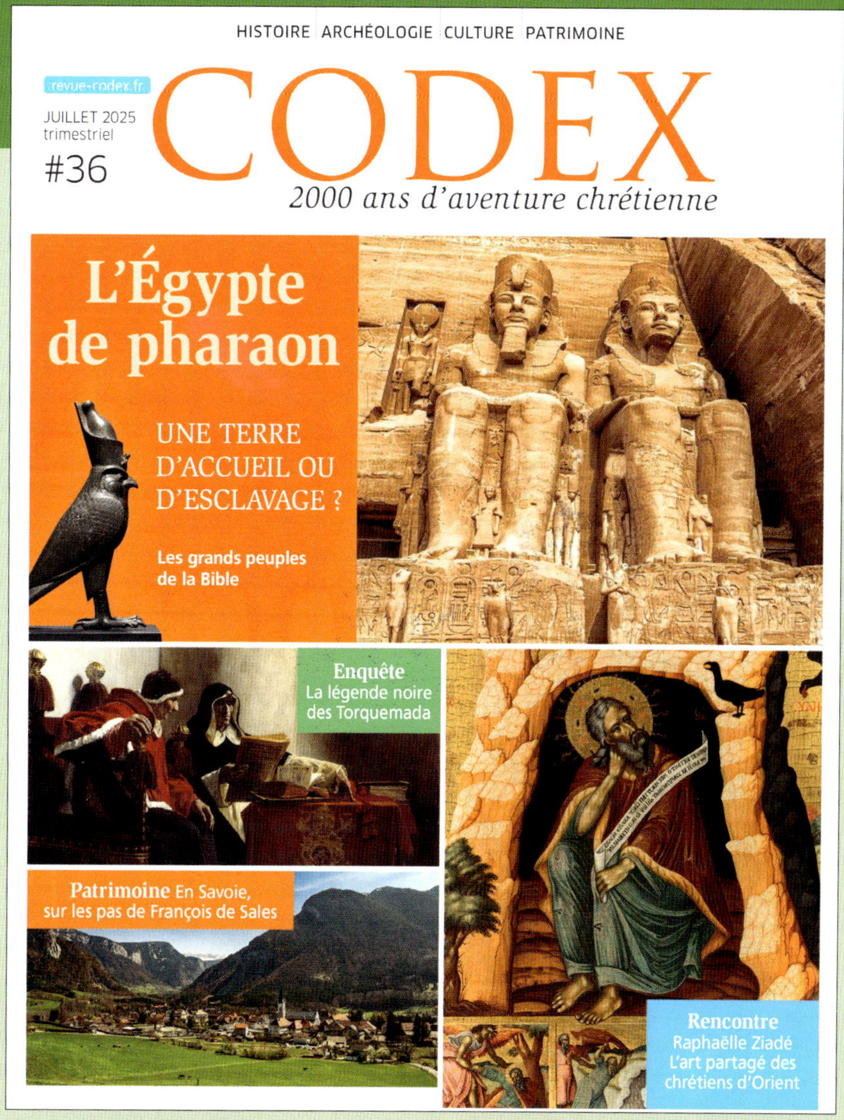


36 L'Égypte de pharaon, une terre d'accueil ou d'esclavage ?

**Vous pouvez aussi commander par courrier** en remplissant le formulaire ci-contre et en l'envoyant à CLD, 14, rue de l'église, 16 120 Châteauneuf-sur-Charente

☐ **Je commande les anciens numéros à 15 €.**

**Nos** ..................................................................................

(nombre de nos) .......... × **15 €** + .......... (port*) = ..........

* **Frais de port** France : 1,90 €
Union Européenne et Suisse : 2,90 € (1 n°); 3,90 € (2 nos) ; 4,50 € (3 nos)
Reste du monde : 3,90 € (1 n°); 4,90 € (2 nos); 5,50 € (3 nos)

MES COORDONNÉES :

Nom : ..................................................................................

Prénom : .................................................... Téléphone : ....................................

Adresse : ..................................................................................

..................................................................................

Code postal : .............................. Ville : ..................................................

e-mail : ..................................................................................

CULTURE

# Quatre femmes docteurs

**Thérèse d'Avila, Catherine de Sienne, Hildegarde de Bingen et Thérèse de Lisieux. En quarante ans,** elles sont quatre femmes à avoir été proclamées « docteur de l'Église ». Rencontre avec Clarisse Tesson, auteur d'une thèse sur le sujet, qui nous explique comment on passe du «Sexus obstat» de Pie XI en 1923 à la décision de Paul VI en 1970.
© Alamy, Bridgeman (X2), Alamy

# EXPOSITIONS, LES CHOIX DE CODEX

**ANNIVERSAIRES**

**DÉCEMBRE 1775 :**
**NAISSANCE DE JANE AUSTEN**

**DÉCEMBRE 1895 :**
**INVENTION DU CINÉMA**

**NOVEMBRE 1975 :**
**MORT DE FRANCO**

## Nîmes (30)

### GAULOIS, MAIS ROMAINS ! CHEFS-D'ŒUVRE DU MUSÉE D'ARCHÉOLOGIE NATIONALE

*Jusqu'au 4 janvier 2026*

De 52 av. J.-C. au III^e siècle, les traditions locales des Gaulois vaincus et l'influence innovante de l'occupant romain s'entrecroisent, donnant une civilisation complexe et raffinée. Grâce à un partenariat avec le musée d'Archéologie nationale de Saint-Germain-en-Laye, l'exposition en explore les particularités dans les domaines de l'urbanisme, de l'armée, des croyances religieuses et des pratiques culturelles.
*Musée de la Romanité, 16, Boulevard des Arènes, 30 900 Nîmes.*
*www.museedelaromanite.fr*

Statuette de laie, bronze, Cahors (Lot) © MAN : Valorie Gô

## Nantes (44)

### SOUS LA PLUIE. PEINDRE, VIVRE ET RÊVER

*Du 7 novembre 2025 au 1^er mars 2026*

À partir du XVIII^e siècle, alors que la météorologie se développe et que les villes modernes s'équipent pour mieux la maîtriser, la pluie s'impose comme nouveau motif artistique : averses, tempêtes,

brouillard, reflets et transparences imprègnent les tableaux d'un imaginaire teinté de mélancolie, que l'exposition restitue à travers près de 150 œuvres.
*Musée d'arts de Nantes, 10, rue Georges Clemenceau, 44 000 Nantes.*
*museedartsdenantes.nantesmetropole.fr*

Gustave Caillebotte (1848-1894), *Rue de Paris. Temps de pluie*, 1877. Paris, musée Marmottan Monet, legs de Michel Monet, 1966. © musée Marmottan Monet / Studio Christian Baraja SLB

## Orléans (45)

### L'ART DE TRANSMETTRE. LA COLLECTION ANTOINE BÉAL

*Du 15 novembre 2025 au 29 mars 2026*

Antoine Béal est à la fois un inlassable collectionneur, amoureux de la peinture des XVII^e et XIX^e siècles, et un généreux donateur, qui a offert bon nombre de ses acquisitions à divers musées français. En signe de reconnaissance, celui d'Orléans expose dans son intégralité sa riche collection d'une soixantaine de tableaux et éclaire la pratique de don sous réserve d'usufruit, dont ce malicieux personnage est coutumier.

*Musée des beaux-arts, place Sainte-Croix, 45 000 Orléans.*
*museesorleans.fr*

François-Joseph Navez, *L'Obole de la veuve*, 1840, Paris, Collection Antoine Béal.

## Metz (57)

### COPISTES

*Jusqu'au 12 janvier 2026*

Copier les maîtres pour apprendre et insuffler une nouvelle vie aux œuvres fut longtemps la base de la formation artistique. Même si cette tradition a été rejetée par le siècle précédent, qui fit plutôt de la rupture son maître-mot, elle est à nouveau employée aujourd'hui, dans un mouvement de retour à la figuration et une réinvention de la pratique par le monde numérique. L'exposition, en collaboration avec le Louvre, retrace ces évolutions.
*Centre Pompidou-Metz, 1, parvis des Droits de l'Homme, 57 000 Metz.*
*www.centrepompidoumetz.fr*

Humberto Campana, *Samochaos*, 2025. Résine et charbon végétal, 200 x 150 x 150 cm. © Adagp, Paris, 2025

## Lens (62)

### GOTHIQUES

*Jusqu'au 26 janvier 2025*

Né au XII^e siècle, l'art gothique inspire au-delà des frontières du temps (redécouverte à l'époque romantique, réinventions contemporaines...) et de l'espace (c'est l'un des premiers mouvements à se diffuser dans toute l'Europe). Près de 250 objets d'art, sculptures, peintures, vitraux et manuscrits retracent son histoire fascinante.
*Musée du Louvre-Lens, 99, rue Paul Bert, 62 300 Lens. www.louvrelens.fr*

Vitrail héraldique, Musée national du Moyen Âge - Musée de Cluny – Paris. © GrandPalaisRmn (musée de Cluny - musée national du Moyen-Âge) / F. Raux

## Paris (75)

### GEORGES DE LA TOUR

*Jusqu'au 26 janvier 2026*

Connu pour ses célèbres scènes nocturnes éclairées à la chandelle, le peintre Georges de La Tour (1593-1652) renouvelle l'art du clair-obscur par un réalisme saisissant et une puissante spiritualité. Cette rétrospective – la première qui lui est consacrée en France depuis

●●● 1997– remet sur le devant de la scène ce talentueux héritier de Caravage.
*Musée Jacquemart-André, 158, boulevard Haussmann, 75008 Paris. www.musee-jacquemart-andre.com*
Georges de La Tour (1593-1652), *Le Nouveau-Né*, vers 1645, Rennes, musée des beaux-arts.

## MAGELLAN, UN VOYAGE QUI CHANGEA LE MONDE

*Du 22 octobre 2025 au 1er mars 2026*

Il y a près d'un demi-siècle, un exploit maritime est réalisé par l'équipage audacieux du capitaine Magellan : le premier tour du monde complet par voie de mer ! Le parcours immersif raconte ce voyage mouvementé, sous toutes ses facettes.
*Musée national de la Marine, 17, place du Trocadéro et du 11 novembre, 75116 Paris. www.musee-marine.fr*
Carte du monde, attribuée à Jorge Reinel, 1519. © CPL GE AA-564 (RES) BNF

## SOUS L'EMPIRE DU SOMMEIL

*Du 9 octobre 2025 au 1er mars 2026*

Repos de l'innocent ou de la mort, terrain des songes, des rêves et des cauchemars, paisible ou troublé, le sommeil a une puissante portée symbolique, richement explorée par l'iconographie profane et sacrée, comme le relève le parcours.
*Musée Marmottan-Monet, 2, rue Louis-Boilly – 75016 Paris. www.marmottan.fr*
Giuseppe Antonio Petrini (1677-1755/1759), *Le Sommeil de saint Pierre*, vers 1740, Paris, musée du Louvre. © Grand Palais Rmn (musée du Louvre) / Stéphane Maréchalle

# Versailles (78)

## LE GRAND DAUPHIN (1661-1711), FILS DE ROI, PÈRE DE ROI ET JAMAIS ROI

*Du 14 octobre 2025 au 15 février 2026*

Fils aîné de Louis XIV, c'est lui qui aurait dû lui succéder s'il n'était pas mort trois ans avant lui. Son petit-fils portera la couronne de France sous le nom de Louis XV, et son fils, celle d'Espagne, sous le nom de Philippe V. À travers son histoire, l'exposition présente notamment la formation et l'éducation que recevait alors un héritier du trône.
*Château de Versailles, 78000 Versailles. www.chateauversailles.fr*
Hyacinthe Rigaud, *Portrait de Louis de France (1661-1711), dit le Grand Dauphin*. © Château

de Versailles, Dist. RMN / © Christophe Fouin

# Draguignan (83)

## LE PHARE REMBRANDT

*Du 15 novembre 2025 au 14 mars 2026*

L'exposition est consacrée au rayonnement de Rembrandt, qui connaît un essor considérable un demi-siècle après sa mort, à l'aube du XVIIIe siècle. En Europe, et particulièrement à Paris,

ses œuvres sont étudiées et collectionnées par des artistes de renom, comme Chardin ou Fragonard, qu'il influence profondément.
*Musée des beaux-arts de Draguignan, 9, rue de la République, 83300 Draguignan. mba-draguignan.fr*
Jean-Baptiste Santerre d'après Rembrandt, *Jeune fille à la fenêtre*, huile sur toile, musée des beaux-arts d'Orléans. © DR

## CONFÉRENCES : UN JOUR DANS L'HISTOIRE

## 20 JUILLET 1903 : MORT ET APOTHÉOSE DE LÉON XIII

Lors de son élection, on ne prédisait qu'un bref règne à cet homme frêle, affligé d'une santé chancelante. Ce n'est pourtant que vingt ans plus tard, à l'âge de 93 ans, qu'il rend pieusement son dernier soupir, ayant conservé jusqu'au bout l'intelligence sûre et la grandeur d'âme qui ont imprégné son pontificat, l'un des plus longs et des plus marquants de l'histoire de l'Église.
Par Christian Sorrel, professeur d'histoire contemporaine, université Lyon 2.

*Mardi 14 octobre, 12h45-13h45. Collège des Bernardins, 20, rue de Poissy, 75 005 Paris. www.collegedesbernardins.fr*

La Bibliothèque apostolique vaticane allie la conservation d'ouvrages et de décors précieux à une technologie de pointe. © ZUMA Press/Alamy

# La Bibliothèque vaticane, lieu d'art et de mémoire

**Trésor** La Biliothèque apostolique vaticane est l'une des plus vastes au monde. Elle abrite certains manuscrits d'une valeur patrimoniale inestimable. Ses collections sont façonnées par une histoire parfois agitée, parfois balbutiante, souvent éclairée.

TEMPLA DOMVM EXPOSITIS: VICOS FORA MOENIA PONTES:
VIRGINEAM TRIVII QVOD REPARARIS AQVAM.
PRISCA LICET NAVTIS STATVAS DARE COMMODA PORTVS:
ET VATICANVM CINGERE SIXTE IVGVM:
PLVS TAMEN VRBS DEBET: NAM QVAE SQVALORE LATEBAT:
CERNITVR IN CELEBRI BIBLIOTHECA IOCO.

# Une histoire séculaire

Il est difficile d'imaginer une cour pontificale sans bibliothèque. Pourtant, devenu pape en 1447, Nicolas V (1447-1455) ne peut que constater que la dernière, celle du palais d'Avignon, est à la fois dépassée et dispersée. Il crée alors le noyau de la « BAV » actuelle, un fonds à caractère universel et humaniste, basé sur les auteurs grecs et latins et organisé selon une classification qu'il a lui-même établie. À la fin de son pontificat, la bibliothèque compte 1200 manuscrits conservés dans douze armoires, dans l'aile nord du palais du Vatican. En accueillant alors des érudits, des éditeurs et l'imprimerie dès 1466, Rome devient peu à peu un foyer de l'humanisme. Sixte IV (1471-1484) achève le projet de bibliothèque en y consacrant des moyens financiers, un vrai bibliothécaire et une bulle papale (*Ad decorem militantis Ecclesiae*, 1475) qui lui confère un caractère institutionnel. Les quatre salles qui lui sont désormais dévolues, au rez-de-chaussée ouvrant sur la cour du Belvédère, sont organisées en une bibliothèque latine, une bibliothèque grecque, une bibliothèque secrète (manuscrits non accessibles aux lecteurs et dont certains sont particulièrement précieux) et bibliothèque pontificale (archives et registres). Sixte IV y fait travailler les plus grands peintres, tels que Melozzo da Forlì ou les frères Ghirlandaio. Croissant sans cesse, la bibliothèque déménage dans un bâtiment spécialement dédié, construit à la fin du XVIe siècle par Domenico Fontana, à qui l'on doit le somptueux Salone Sistino. Malgré les vicissitudes de l'histoire, la « Vaticane » ne cesse de recevoir des dons, notamment de collections privées de princes ou de bibliophiles.

Miniature figurant Frédéric de Montefeltre (à gauche), duc d'Urbino, qui légua sa collection de manuscrits à la Bibliothèque apostolique. Cette enluminure est collée sur un manuscrit, conservé à la BAV, des *Disputationes* de Cristoforo Landino (1424-1492), humaniste adepte du néoplatonisme florentin.


Page de gauche, Melozzo da Forlì, ***Sixte IV nomme l'humaniste Bartolomeo Platina*** conservateur de la Bibliothèque vaticane. Cette fresque majeure de la décoration de la bibliothèque de Sixte IV est aujourd'hui exposée dans la Pinacothèque du Vatican.

# Le Salone Sistino

réalisée sous le règne de Sixte V (1585-1590), auquel elle doit son nom, cette pièce immense mesure 70 m de long sur 15 m de large. Elle est encore aujourd'hui la plus grande salle ornée de fresques au monde (hors églises), travail effectué par une équipe de peintres sous la direction de Cesare Nebbia. Sur ses murs se déploient l'histoire des conciles et celle des livres, les colonnes présentent les inventeurs des alphabets, les voûtes s'ornent de grotesques Renaissance et les lunettes évoquent les hauts faits du pontificat de Sixte V. De nouveau utilisée comme salle de consultation depuis sa réouverture, elle accueille 28 000 volumes et 24 places assises.

Le Salone Sistino a retrouvé sa fonction de salle de lecture depuis sa réouverture en octobre 2017. © Abaca Press/Alamy

La Vaticane, en tant qu'institution historique, reçoit régulièrement des personnalités du monde politique et culturel. Ici, le prince Charles et sa femme Camilla en visite en 2017. © Abaca Press/Alamy

# Que contient vraiment la « Vaticane » ?

Une partie des Archives apostoliques est conservée dans un bunker ultra-sécurisé situé sous la cour de la Pigne. © Abaca Press/Alamy

La BAV est d'abord un fonds d'ouvrages, qui comprend actuellement 1 600 000 livres imprimés, 180 000 manuscrits et volumes d'archives et quelque 9 000 incunables. Il faut y ajouter 300 000 pièces de monnaie et médailles, plus de 150 000 estampes, plus de 200 000 photographies et plusieurs milliers de dessins. Organisée en trois départements, celui des Manuscrits, celui des Imprimés et le cabinet de Numismatique, la bibliothèque publique du Saint-Siège abrite également un atelier de restauration, un laboratoire photographique, un service éditorial et des formations en gestion documentaire. Son accès est très limité, puisque réservé aux personnes ayant obtenu un doctorat et sur recommandation, ce qui représente environ 1 500 visiteurs par an.

# Les Archives apostoliques du Vatican

Séparées de la Bibliothèque apostolique sous Paul V (1605-1621), elles contiennent les documents privés de la papauté, c'est-à-dire tous les actes et documents concernant la vie du Saint-Siège, sur plus de 85 km de rayonnages. L'appellation d'origine de ces archives est bien « Archives apostoliques du Vatican » mais, au XVII^e^ siècle, on choisit celle d'« Archives secrètes du Vatican » pour indiquer que leur utilisation est réservée au personnel du Vatican. En effet issu du latin « secretus » (séparé, distinct), cet adjectif a entretenu un tel mystère sur les documents conservés que le pape François a décidé en 2019 de rétablir son ancien nom. Depuis 1924, le pape accorde l'accès aux archives « par pontificat ». Actuellement, la date limite de consultation est exceptionnellement fixée à la fin du concile Vatican II, soit 1965.

Léon XIII ouvrant les archives du Vatican pour la recherche historique. Chromolithographie, 1883. © World History Archive - Alamy

# Des manuscrits précieux

Mentionné dans le premier catalogue de la BAV (1475), on ne sait où et quand le *Codex Vaticanus* fut écrit mais il pourrait dater du IVe siècle et provenir d'Égypte, de Rome ou de Césarée. Cette Bible en majuscules grecques se compose de 759 feuillets de vélin. Elle constitue un trésor inouï que la Vaticane a rendu disponible en ligne en 2015. © Alamy

Ci-dessous, le *Codex Borgia*, du nom du cardinal Stefano Borgia (XVIIIe), est un manuscrit mixtèque ou tlaxcaltèque, en cuir, d'une longueur de 10 m, plié en accordéon. Il aurait été réalisé entre le XIIIe et le XVe siècle et figure une sorte de calendrier divinatoire.
© Smith Archive/Alamy

Ci-dessus, daté du XIIe siècle, le *poème dédié à Mathilde de Toscane* par Donizon de Canossa est parvenu à la BAV au XVIIe siècle. C'est un manuscrit très raffiné, orné de huit miniatures pleine page illustrant la vie de la comtesse Mathilde, alors prise dans la tourmente des conflits entre les papes et les empereurs.



Ci-dessous, fin politique, savant et humaniste italien du XVe siècle, Pier Candido Decembrio est l'auteur de cet ouvrage, parmi plus de 127 autres en latin, intitulé *De omnium animalium natura*. Commandé par Ludovic de Gonzague, duc de Mantoue et grand amateur de sciences naturelles, il est plus tard (1550) richement illustré de près de 500 descriptions d'animaux en couleur.

# La Bibliothèque apostolique au défi du XXI^e^ siècle

Mgr Cesare Pasini a initié puis mené l'immense chantier de numérisation de la Bibliothèque de 2013 à 2023.


De 2007 à 2010, la bibliothèque a effectué de colossaux travaux de restructuration du bâtiment et de restauration des décors. La fibre optique et un ascenseur supplémentaire ont également été installés, l'accès aux ouvrages a été repensé et les espaces d'accueil améliorés, tout cela pour poursuivre la mission de cette institution publique et gratuite. Les livres ont tous été équipés d'une puce permettant de les situer, mais également les usagers, tenus de porter sur eux une carte électronique, dans le cadre d'une surveillance accrue. Sous la houlette de Mgr Cesare Pasini puis de Don Mauro Mantovani, la priorité a été donnée ces dernières années à la numérisation des ouvrages anciens, qui se détériorent au fil des consultations. À ce jour, quelque 30 000 manuscrits ont été numérisés et publiés en ligne, notamment sur le site DigiVatLib (DVL). Ajoutons à cela un nouveau site web en 2020 et de nombreux partenariats établis avec des entreprises numériques ou des institutions de recherche, et voici la Vaticane propulsée dans son siècle, qui la verra encore certainement enrichir ses rayonnages et le patrimoine de l'humanité.

*CAMILLE DE FORGES*

# TOUCHE FRANÇAISE

**Ces trois Français ont marqué l'histoire de la Vaticane. Reliez chacun à ce qu'il a fait pour ou contre elle...**

1. Montaigne
2. Napoléon Bonaparte
3. Général de Gaulle

a. Il saisit à la Bibliothèque vaticane 500 manuscrits présentant un intérêt pour l'Histoire de France, ainsi que de nombreuses archives pontificales, et les fait transférer à Paris.

b. Il fait don à la Bibliothèque vaticane d'une Bible du XIVe siècle, réalisée à Naples.

c. Il visite la Bibliothèque vaticane et décrit de façon détaillée dans son journal les ouvrages anciens qu'il a pu y admirer.

# QUIZ

**I Qui est le fondateur de la Bibliothèque vaticane ?**

1. Nicolas V
2. Sixte IV
3. Sixte V

**II Sa création précède de peu l'invention de...**

1. La reliure
2. L'enluminure
3. L'imprimerie

**III Combien de livres comprend-elle aujourd'hui ?**

1. 9 000
2. 180 000
3. 1 600 000

**IV Pourquoi la Salone Sistino est-il particulièrement connu ?**

1. Parce qu'il s'agit de la plus grande salle ornée de fresques au monde (hors églises).
2. Parce que sa décoration a été confiée au grand Michel-Ange.
3. Parce qu'il a longtemps abrité les archives secrètes du Vatican.

**V Pourquoi les Archives apostoliques étaient-elles appelées « secrètes » jusqu'en 2019 ?**

1. Parce qu'elles sont conservées dans un bunker ultra-sécurisé dont l'accès est interdit.
2. Parce qu'elles contiennent les documents privés de la papauté, dont l'usage est réservé au personnel du Vatican.
3. Parce que ceux qui les consultent n'ont pas le droit de communiquer les informations qu'ils y ont découvertes.

# TOP 3 DES PIÈCES-PHARE

**Les collections de la Bibliothèque vaticane regorgent d'ouvrages exceptionnels. Nous en avons relevé trois, particulièrement célèbres. Pour découvrir leur nom, à vous de résoudre les rébus suivants :**

• Daté du IVe siècle, ce manuscrit est l'un des plus anciens exemplaires de la Bible connu, comprenant les textes presque complets de l'Ancien et du Nouveau Testament.

• Copié vers 750, ce livre liturgique contient les oraisons et préfaces dont le prêtre a besoin pour célébrer la messe.

• Datant probablement du VIIIe siècle, ce manuscrit enluminé irlandais comprend des passages d'Évangile lus ou chantés à la messe pour chaque jour de l'année liturgique.

## LES RÉPONSES

**Touche française :** I-2-a ; II-1-c ; III-3-b. **Quiz :** I-1 ; II-3 ; III-3 ; IV-1 ; V-2. **Top 3 des pièces-phare : Le Codex Vaticanus** (Code – Ex / Va – Tique – Âne – u – sss). **Le sacramentaire gélasien** (Sac – Rat – Menthe – R / Gel – Asie – 1). **Evangéliaire Barberini** (Eve – Ange – L – Lit – R / Barbe – é – Riz - nid.

# Clarisse Tesson

# « Le pape est tout seul, vous ne voulez pas aller lui parler de votre histoire ? »

**Enseignement** Alors que John Henry Newman va devenir le trente-huitième docteur de l'histoire de l'Église, Codex a rencontré Clarisse Tesson, auteur d'une thèse de doctorat sur les trois premières femmes ayant accédé récemment à la même reconnaissance.

**Codex: Catherine de Sienne, Thérèse d'Avila, Thérèse de Lisieux : en moins de trente ans (1970-1997), trois femmes sont déclarées « docteurs de l'Église ». Un événement sans précédent pour ce titre datant du Moyen Âge et réservé aux hommes. Faut-il comprendre ces proclamations comme un tout ?**

Clarisse Tesson : Tout d'abord, il s'agit de trois femmes. Elles sont quatre depuis 2012 avec Hildegarde de Bingen. Quatre parmi trente-sept docteurs de l'Église. Ce titre sélectif est décerné depuis 1295 (Lettre *Gloriosus Deus* de Boniface VIII) à des saints dont les écrits ont non seulement influencé leur époque par la qualité de leur science théologique, mais aussi enseigné les chrétiens de tous les temps. Depuis le XVIIIe siècle, trois critères d'élection ont été institutionnalisés : la sainteté de vie personnelle (signe de cohérence entre ce qui a été prêché et ce qui a été vécu), l'excellence et l'orthodoxie de leur doctrine, ainsi que la déclaration solennelle de cette reconnaissance par un pape ou un concile. Cette proclamation, qui confère au docteur un culte particulier, peut s'apparenter à un outil de diplomatie pontificale : le choix de tel saint incarne un modèle particulier que le pape souhaite donner à l'Église pour répondre aux défis son temps.

**Clarisse Tesson** est maître de conférences à l'université Jean-Monnet (Saint-Étienne). Sa thèse a reçu le prix Marc Venard de la Société d'histoire religieuse de la France. Elle sera publiée aux Presses universitaires de Rennes.
© Julien Spiewak

Outre la proximité chronologique de ces trois proclamations (Thérèse d'Avila et Catherine de Sienne en 1970, Thérèse de Lisieux en 1997), il me semblait qu'on ne pouvait s'empêcher de les voir comme une forme de réponse de l'Église catholique au phénomène majeur qu'a été, au XXe siècle, la promotion des femmes dans l'espace public.

**Codex: Et c'est le cas ?**

C. T.: La réponse que Pie XI avait apportée aux premières demandes faites dans l'entre-deux-guerres poussait à voir la résolution du problème sous l'angle du genre. En 1923 et en 1932, lorsqu'on lui avait fait des demandes respectivement pour Thérèse d'Avila et pour Thérèse de Lisieux, il s'y était opposé par la formule « *sexus obstat* », que l'on peut traduire par « son sexe l'en empêche ». A contrario, lorsque Paul VI proclame à une semaine d'intervalle Thérèse d'Avila et Catherine de Sienne, il semble souligner que le doctorat d'Église est désormais bien ouvert aux femmes. Pourtant, au-delà de leur féminité commune, ces « écrivains spirituels » ont accompli des missions variées, à des époques distinctes : Thérèse d'Avila, canonisée en 1622, est une religieuse réformatrice du Carmel au XVIe siècle en Espagne, connue pour ses écrits mystiques

**Procession pour sainte Thérèse** dans les rues d'Avila en Espagne. Canonisée en 1622, cette mystique, réformatrice du Carmel, devient docteur de l'Église en 1970.
© Bridgeman

●●● sur l'oraison comme *Le Chemin de la perfection* ou *Le Château intérieur*. Catherine de Sienne, canonisée en 1461, est une grande mystique, membre du tiers ordre dominicain et apôtre infatigable de l'Italie du XVIe siècle, célèbre pour avoir œuvré à la pacification des cités italiennes et ramené le pape Grégoire XI (1371-1378) d'Avignon à Rome. Tandis que Thérèse de Lisieux, carmélite française du XIXe siècle canonisée en 1925, doit sa renommée posthume à la doctrine de « l'enfance spirituelle » et à son autobiographie intitulée *Histoire d'une âme*, publiée en 1898, un an après sa mort.

**Codex: Nommer une femme docteur de l'Église, quelle est finalement la portée de ce geste?**

**C. T.:** À l'aube de mes recherches, en m'interrogeant sur la portée que les papes avaient pu vouloir donner à ces proclamations, je voyais l'ouverture du doctorat d'Église aux femmes comme un geste progressiste, ouvrant à une meilleure reconnaissance de la place des femmes dans l'Église, à une période où émergeaient des revendications féministes au sein du catholicisme. Toutefois, quand j'ai étudié les documents, j'ai été étonnée de voir que ceux qui avaient préparé ces proclamations et soutenu les causes à la Curie romaine, faisaient plutôt partie de la frange conservatrice, au lendemain du concile Vatican II (1962-1965). Ces proclamations, plutôt que de contenter les franges progressistes de l'Église, pouvaient servir à réaffirmer des valeurs traditionnelles du catholicisme. Par exemple, certains théologiens se servent de la figure de Catherine de Sienne pour réaffirmer l'absolutisme papal, afin d'inviter les évêques comme les fidèles à l'obéissance, au profit de l'unité de l'Église, en une période où cette dernière est divisée par la crise postconciliaire. Paul VI lui-même, dans son homélie de proclamation de Thérèse d'Avila, insiste sur la primauté de la prière sur l'action. Déclarer ces femmes docteurs de l'Église a donc plutôt été une réaffirmation de figures traditionnelles.

**Codex: Ne peut-on y voir aucun lien avec l'évolution sociologique de la place des femmes dans les sociétés occidentales ?**

**C. T.:** Dans les années 1970 et 1990, il y avait bien une actualité à proclamer pour la première fois dans l'histoire de l'Église des femmes docteurs de l'Église. Leur proclamation concorde avec l'émergence d'un féminisme dit « de la deuxième vague », qui traite surtout des questions de morale sexuelle et conjugale (« le privé est politique ») et qui cherche à déconstruire les racines du patriarcat. C'est aussi une période où les femmes ont désormais un accès plus important aux études et à la vie intellectuelle. Le concile Vatican II, sans avoir beaucoup traité de la thématique féminine, rappelle leurs droits fondamentaux, et quelques femmes y sont admises comme auditrices. Les années 1970 sont aussi celles où émerge dans l'Église une théologie féministe, qui marque une avancée dans la façon dont les femmes ont pu se saisir de ce nouvel accès au savoir théologique. Mais qu'on ne s'y méprenne pas : l'Église, tout en étant plus attentive à la reconnaissance des femmes,

**OR, LES FEMMES, PAR LEUR CONDITION DE LAÏQUES - Y COMPRIS LES RELIGIEUSES - SONT EXCLUES DU SACERDOCE, PAR CONSÉQUENT DE L'ENSEIGNEMENT.**

dénonce en même temps ce qu'elle considère être les dérives du féminisme. Ainsi, le doctorat d'Église n'ouvre pas aux femmes la voie du sacerdoce, dont Paul VI et Jean-Paul II, les deux premiers papes à avoir proclamé des femmes docteurs de l'Église, ont rappelé l'exclusivité masculine.

**Codex: Existe-t-il d'autres facteurs ?**

**C. T.:** Oui, d'autres facteurs expliquent l'ouverture du doctorat d'Église aux femmes, comme la revalorisation de l'apostolat des laïcs au XX^e^ siècle et la redéfinition de l'ecclésiologie autour de Vatican II. En effet, le titre de docteur – du grec *didaskalos* – est intimement lié à la fonction d'enseignement : il désigne dans les écrits néo-testamentaires celui qui peut interpréter la Parole pour ses frères. Il a ensuite revêtu une dimension universitaire au Moyen Âge : titulaire d'un grade académique, le docteur enseignait en public et bénéficiait de certains avantages. Cette fonction d'enseignement était alors réservée à la hiérarchie de l'Église, au pape et aux évêques – ainsi qu'aux prêtres, seulement par délégation de leur évêque. Or, les femmes, par leur condition de laïques – y compris les religieuses du point de vue du droit canonique – sont exclues du sacerdoce, par conséquent de l'enseignement. Mais dans le contexte ecclésial post-Vatican II, il y a une plus grande reconnaissance de l'accès des laïcs au savoir : les femmes deviennent alors éligibles à ce titre honorifique.

**Codex: Mais comment l'Église a-t-elle pu justifier ce refus du rôle d'enseignement aux femmes ?**

**C. T.:** Pendant longtemps, l'enseignement était une prérogative du clergé. Certes, la sainteté de certaines femmes a été reconnue dès les débuts de l'Église, même s'il a fallu attendre le XX^e^ siècle pour que l'on compte autant de canonisations de femmes que d'hommes. Pourtant, la reconnaissance de leur autorité intellectuelle a pu poser un problème. D'une part, le passage d'une lettre de saint Paul (1 Corinthiens 14,34) : « Que les femmes se taisent dans les assemblées », a longtemps été interprété en un sens assez étroit, comme une interdiction pour les femmes d'enseigner en public. En toute logique, cela leur interdisait la mission de docteur puisque, traditionnellement, un docteur d'université est habilité *hic et nunc* (« ici et maintenant ») à prendre la parole en public. Cependant, au tournant du XX^e^ siècle, l'application de la méthode historico-critique, encouragée en 1943 par une encyclique de Pie XII, *Divino afflante Spiritu*, permet de relire les textes de saint Paul. Il s'agit de se détacher du sens littéral de la Bible en prenant en compte le contexte d'écriture, les étapes de production, ou encore les destinataires. On s'aperçoit alors que les paroles de Paul s'inscrivent dans un contexte précis : celui de la communauté de Corinthe, réputée pour être particulièrement indisciplinée. Leur valeur apparaît dès lors plus circonstancielle qu'absolue.

**« Sexus obstat ». En 1923, pour le pape Pie XI,** Thérèse d'Avila ne peut être proclamée docteur, parce que femme. L'enseignement reste une fonction exclusivement cléricale. © DR

●●● **Codex: Plus concrètement, qu'avez-vous découvert des rouages de l'Église ?**

**C. T.:** L'Église évolue dans un temps long. Cela signifie que certaines références sont immuables : le pape cite encore aujourd'hui des docteurs de l'Église du Moyen Âge comme saint Thomas d'Aquin. Néanmoins, ce temps est aussi le terreau d'évolutions. Mais ces évolutions prennent du temps : pour obtenir un doctorat d'Église, il faut suivre une procédure officielle qui relève, comme les béatifications et les canonisations, de la Congrégation pour la cause des saints, comportant la présentation d'une requête au pape, avec dossier soigneusement construit à l'appui, démontrant l'exceptionnalité de la sainte en question. Ce temps dépend de certaines contingences : telle bonne volonté d'un cardinal fera avancer une cause de canonisation, à laquelle son prédécesseur était opposé. L'Église est ainsi très humaine. Ce qui est intéressant, dans le doctorat d'Église, c'est de regarder qui en est à l'origine. Promouvoir une cause ressemble à du *lobbying*, avec un coût énorme de plusieurs milliers d'euros pour un dossier. Pour cette raison, de nombreux saints ou docteurs de l'Église sont des religieux car leurs ordres

**Mystique, membre du tiers ordre dominicain,** Catherine Benincasa est originaire de Sienne, en Toscane. En haut, vue aérienne de la ville médiévale. © Kumar Sriskandan / Alamy
Ci-dessus, sa maison natale, gravure, 1902. © Bridgeman

ont eu les moyens de porter ce projet. L'ordre des carmes, auteur de la première demande pour Thérèse d'Avila, est ainsi réputé pour être particulièrement efficace en termes de postulation des causes. Mais dans certains cas, la demande relève de l'initiative spontanée des fidèles. Tel est le cas de Thérèse de Lisieux : le 7 juillet 1932, le journal *La Croix* fait paraître en première page la demande du père Desbuquois qui lance la question de son éventuel doctorat d'Église, et invite les lecteurs qui souhaitent soutenir cette demande à écrire au carmel de Lisieux. Très rapidement, des milliers de lettres ne cessent d'affluer en provenance de la terre entière : plus de quatre mille signatures sont récoltées par une laïque en Croatie !

**Codex: Un exemple pour éclairer ce processus ?**

**C. T.:** Au couvent des Carmes d'Avon, un journal tenu jour après jour par Guy Gaucher, évêque auxiliaire de diocèse de Bayeux-Lisieux ayant beaucoup œuvré dans les années 1990 pour que sainte Thérèse de l'Enfant-Jésus soit proclamée docteur de l'Église. Une mine d'or sous la forme de soixante-dix pages dactylographiées racontant le moindre déjeuner pris avec un cardinal à Rome, ses initiatives et les blocages de la lente machinerie de l'Église. C'est là que j'ai découvert comment s'est débloqué le dossier du doctorat de Thérèse de Lisieux qui, relancé en 1990, ne parvenait à aucune avancée à la Curie romaine : en 1996, Jean-Paul II est venu à Sainte-Anne-d'Auray. Convié au déjeuner en tant qu'évêque de l'Ouest, l'évêque en question a été abordé par le secrétaire particulier du pape : « Le pape est tout seul, vous ne voulez pas aller lui parler de votre histoire ? » La discussion a eu lieu littéralement entre le fromage et le dessert et quelques jours plus tard, le dossier s'est débloqué !

**Codex: Même si elle concerne l'Église universelle, votre recherche a-t-elle une dimension territoriale ?**

**C. T.:** Oui, pour Thérèse d'Avila et Catherine de Sienne, car ce sont des saintes dont la dévotion est nationale. La demande pour Thérèse d'Avila est faite en 1923, dans un contexte national-catholique espagnol prégnant. Un an plus tôt, l'université de Salamanque lui a décerné un doctorat honoris causa en tant que figure glorieuse de la littérature castillane, à l'occasion du troisième centenaire de sa canonisation. Signe de son importance nationale, cet honneur a donné lieu à des festivités auxquelles ont participé le roi et la reine en personne. Pour Catherine de Sienne, l'ancrage local s'est senti dans mes recherches : après avoir passé en vain des années à chercher les documents de son doctorat aux Archives générales des dominicains à Rome, je me suis aperçue que c'était l'archevêque de Sienne qui avait chapeauté de dossier. J'ai donc trouvé la majorité des sources à l'archevêché de Sienne. En revanche, la demande de doctorat pour Thérèse de Lisieux est clairement internationale : cela tient à la diffusion rapide et à succès de son *Histoire d'une âme*, rapidement devenu un best-seller mondial.

**Codex: L'étude de ces docteurs de l'Église vous a-t-elle ouvert d'autres pistes de recherches sur les femmes enseignantes ?**

**C. T.:** Une chose qui m'a frappée dans ma thèse est le fait que les premières proclamations féminines de doctorat d'Église, quoiqu'elles consacrent des saintes de siècles antérieurs n'ayant pas étudié, survenaient au moment où la théologie universitaire s'ouvrait aux femmes. C'est en effet aux lendemains de la Seconde Guerre mondiale que les études de théologie cessent d'être considérées uniquement comme une préparation au sacerdoce, mais s'ouvrent plus généralement aux laïcs, désireux d'avoir une meilleure formation pour mieux assurer leur apostolat dans le monde moderne. Je développe donc à présent un projet de recherche sur l'émergence des premières théologiennes de métier au XX<sup>e</sup> siècle, en m'intéressant à cette petite révolution qu'a été l'ouverture de la théologie universitaire aux laïcs.

***PROPOS RECUEILLIS PAR JEANNE BAURÈS***

**Sainte Catherine de Sienne**. Huile sur toile, 66 x 50 cm, Sandro Bellu, v. 1680. Galerie nationale de L'Ombrie, Pérouse.
© Bridgeman

# Catherine de Sienne à frais nouveaux

**Bilan** Cet ouvrage collectif offre une approche renouvelée de Catherine de Sienne (1347-1380). Une synthèse innovante et pluridisciplinaire sur une personnalité hors norme.

Ce livre articule avec bonheur les contributions d'historiens, médiévistes et spécialistes de Catherine de Sienne, personnalité d'exception aux multiples visages, à un moment où une prise de recul devient possible par rapport au personnage façonné par l'hagiographie, le culte, et les idéologies successives qui en ont fait l'emblème de causes variées. Il pose à frais nouveaux la question « qui est Catherine de Sienne ? » dans une démarche historiographique adossée aux acquis des sciences humaines, qui fait l'histoire critique de l'histoire. C'est un bel hommage, issu d'un travail d'érudition documenté depuis sept siècles, au grand impact de cette femme. La France, qui l'accueillit diversement et tardivement, a pourtant adopté anciennement et massivement dans ses églises le tableau légendaire du Rosaire où elle figure avec saint Dominique.

***CATHERINE QUI FUT DE SIENNE***. Écrits et culte de sainte Catherine en Italie et en France (XIV$^{e}$-XXI$^{e}$ siècle), coll. Cahiers pourpres, Presses universitaires Blaise-Pascal, 212 p., 2025, 21 €

Le livre étudie Catherine sous trois angles : un parcours des études cateriniennes et de son « époustouflante carrière de sainteté » dans l'Église, puis une histoire de son culte, illustrée par son iconographie dont le message visuel est décrypté, et enfin deux lectures contemporaines originales et stimulantes sur Catherine.

Cette synthèse innovante et pluridisciplinaire donne ainsi une approche renouvelée de Catherine. Elle a aussi le mérite de faire avancer, grâce au corpus exceptionnellement abondant qui entoure cette sainte, des questionnements essentiels : l'interprétation et la valeur des sources, en particulier hagiographiques ; l'histoire des femmes et de la sainteté féminine avec ses modèles sous-jacents ; le rôle du corps dans les expériences mystiques ; le degré d'autorité/« auteurité » de Catherine face à une piété féminine racontée par des hommes.

## Puissante originalité

On peut aussi y découvrir en filigrane l'ordre dominicain poussant le culte de la *Mantellata* (manteau noir), exemplaire d'un tiers ordre qui n'existait pas encore (!) et façonnant cette figure au service de la croissance de l'Ordre – sans pour autant éclipser la puissante originalité de l'œuvre et de la femme, car Catherine, cochant toutes les cases, a été au fil des aléas de l'histoire prise comme archétype tour à tour de la prophétesse, de la mystique aux pratiques ascétiques extrêmes (stigmatisée et type de la *sainte anorexie*, vivant dix ans de la seule Eucharistie jusqu'à finir par sacrifier sa vie pour l'Église), de la théologienne tout engagée dans la politique de son temps, auteur de la première œuvre importante en langue vernaculaire italienne (docteur de l'Église), enfin de la jeune femme rebelle portant le flambeau de l'espérance dans un siècle d'angoisse et rompant avec les codes familiaux et sociaux –, récupérée ensuite par le *gender*...

***M.-I. ÉTIENNE***

# 1604 *Othello ou le Maure de Venise*

**Tragédie** ✤ *Othello ou le Maure de Venise* est une œuvre de William Shakespeare. Elle a inspiré de nombreuses adaptations, notamment à l'opéra et au cinéma.

**LE CONTEXTE** **La pièce, créée en 1604, est sans doute la première à avoir été jouée devant le roi Jacques Ier dans la salle des banquets de Whitehall à Londres.** Shakespeare s'inspire d'une nouvelle tirée de l'*Ecatommiti* (1563) de l'italien Giraldi Cintio, mais en modifie certains aspects, donnant à l'intrigue une plus grande densité tragique : l'action est resserrée sur 36 heures, et le mobile n'est plus une simple jalousie amoureuse de Iago envers la femme de son maître. En réalité, Iago déteste Othello et ne supporte pas que ce dernier l'ait écarté d'une promotion. Il apparaît ainsi perfide et presque machiavélique, affirmant dès l'acte I : « Je ne reste [sous les ordres d'Othello] que pour servir mes projets sur lui. »

**William Shakespeare.** Portrait attribué à John Taylor et considéré comme le seul réalisé du vivant du dramaturge, vers 1610. © GL Archive/Alamy

**LE CONTENU** **Othello, général maure au service de Venise, a séduit par le récit de ses exploits Desdémone, la fille du sénateur Brabantio, et l'a épousée en secret,** ce qui provoque la colère de Brabantio. Mais la menace d'une attaque imminente des Turcs à Chypre interrompt la dispute : Othello, accompagné de Desdémone, est envoyé sur-le-champ défendre l'île contre les Ottomans. Son enseigne Iago, jaloux de la promotion de Cassio devenu lieutenant d'Othello, décide d'ourdir un complot : il instille le poison de la jalousie dans le cœur de son maître, en lui faisant croire que Desdémone le trompe avec Cassio. Tous les moyens sont bons pour mener son plan à bien : mensonges, troubles à l'ordre public, vols, meurtres. Dès lors, la mécanique implacable de la tragédie se met en place jusqu'au crime final : Othello tue sa femme avant de s'apercevoir de sa fatale bévue et de se donner la mort.

**LA POSTÉRITÉ** **La pièce de Shakespeare inspire de nombreux artistes et écrivains, à commencer par Voltaire lorsqu'il compose sa tragédie *Zaïre* (1732) ou Balzac qui donne à Lisbeth Fischer (*La Cousine Bette*, 1846) les redoutables talents de manipulation de Iago.** Mais ce sont surtout les arts visuels qui sont marqués par la figure et la destinée du Maure de Venise. En peinture, le romantisme est fasciné par cette tragédie, en témoignent par exemple *Othello et Desdémone* de Delacroix (1847) ou *Othello et Desdémone à Venise* de Chassériau (1850). On dénombre également une dizaine d'adaptations cinématographiques d'Othello, dont la plus connue est peut-être celle d'Orson Welles (*The Tragedy of Othello, The Moor Of Venice*, 1952). Enfin, c'est sans doute à l'opéra que la pièce connaîtra sa plus grande postérité : Rossini compose un opéra en 1816, mais c'est celui de Verdi (1887) qui est le plus célèbre.

***SABINE DE CUMOND***

# ▸▸▸ SOUTENEZ
## la Bibliothèque Orientale de l'Université Saint-Joseph

USJ 1875 150 ans 2025
Université Saint-Joseph de Beyrouth
Nos racines, notre avenir

المكتبة الشرقية
BIBLIOTHÈQUE ORIENTALE

**Bibliothèque patrimoniale et de recherche fondée en 1875, la Bibliothèque Orientale de l'Université Saint-Joseph a pour mission de collecter, préserver et valoriser le patrimoine écrit et imagé du Moyen-Orient.**

**VOTRE DONATION CONTRIBUE À :**

- la conservation des fonds suivant les normes internationales
- le développement des collections à travers des acquisitions continues
- le soutien de la recherche académique et de la création artistique autour des collections
- la mise à disposition des fonds à travers la numérisation, la programmation culturelle et l'offre pédagogique
- l'accueil des usagers en réaménageant et en réinvestissant l'espace de la BO pour faire de leur visite une expérience unique.

**QUELQUES CHIFFRES :**
Le fonds de la Bibliothèque Orientale est constitué de :

Quelque **3700 manuscrits**
Plus de **250 000 titres de livres,**
Plus de **1800 titres de périodiques**
Plus de **400 000 clichés photographiques**
Quelque **4110 cartes**

**▸▸▸ POUR FAIRE UNE DONATION, VEUILLEZ SCANNER CE CODE**

Prière de préciser dans la case « Message » : « La Bibliothèque Orientale ».

Votre donation bénéficiera d'une déduction fiscale.

# L'héritage copte du Caire

***Codex* entraîne ses lecteurs dans le dédale du Vieux-Caire copte, l'un des quartiers emblématiques** de la capitale égyptienne. Parmi les sites historiques qu'il faut découvrir : la forteresse romaine de Babylone, l'église suspendue ou l'église grecque Saint-Georges. *Codex* se rend ensuite en Serbie pour participer à la *Slava*, une tradition religieuse de l'Église orthodoxe serbe qui célèbre la fête du saint patron de la famille.
© Votpuske-Wikicommons / Avec l'aimable autorisation de Samir Mahfouz Simaika / Shutterstock (X2)

**L'église grecque-orthodoxe** Saint-Georges. © Académie théologique de Moscou / Alamy

# Le Vieux-Caire copte : chronique d'un héritage

**Patrimoine** Il est l'un des quartiers coptes les plus emblématiques de la capitale. Le Vieux-Caire chrétien témoigne d'une histoire bimillénaire et abrite des églises plus anciennes que la fondation arabe du Caire.

Sous le soleil poudreux rose-doré du Caire, telle une enclave sacrée, s'étend un lieu hors du tumulte des klaxons, où l'histoire ne s'est jamais tue. Il faut s'éloigner de la sortie de la station de métro Mar Girgis, franchir un barrage policier et descendre quelques marches pour atteindre ce lieu qui ne ressemble à aucun autre en Égypte : le dédale du Vieux-Caire copte.

« Les quartiers communautaires au Caire sont nombreux et il existe bien sûr de nombreux quartiers où les chrétiens se sont réunis au fil du temps », précise Julien Auber de Lapierre, docteur en histoire de l'art de l'École pratique des hautes études et spécialiste du christianisme égyptien. En ce sens, « le Vieux-Caire peut être mentionné comme l'un des quartiers coptes du Caire mais non comme "le" quartier copte ».

S'il est le premier centre historique de la communauté copte, le quartier n'est pas né chrétien. Bien avant les églises, le site accueillait l'une des premières forteresses érigées par les Perses au VIe siècle av. J-C., à l'époque des pharaons déclinants. La colonie perse s'appelait Babylone, petite sœur de pierre de l'antique cité située le long de l'Euphrate. Puis vinrent les Romains. Près de la rive orientale du Nil, face à l'île de Rhoda, l'empereur Trajan (98-117 apr. J.-C.) fit renforcer une citadelle édifiée par l'empereur Auguste sur celle des Perses. L'ouvrage devient alors un point stratégique sur la route du commerce nilotique.

## Une forteresse pour berceau

Pierres et briques seront taillées pour durer. Elles dureront. Et elles formeront le socle du Vieux-Caire chrétien, majoritairement copte. C'est saint Marc qui introduisit le christianisme en Égypte vers 42 ap. J.-C. et qui fonda l'Église d'Alexandrie, l'un des cinq sièges apostoliques du christianisme primitif dans l'Empire romain. Le christianisme, bien qu'encore interdit et cible de persécutions par Rome, se répand à cette époque dans la vallée du Nil à mesure de l'éloignement, dans l'histoire, du culte pharaonique. Dans la Babylone égyptienne, des fidèles prient parfois cachés dans les soubassements romains de la citadelle. Ils font partie des premiers Coptes. Leur nom provient de l'arabe « Qibt », issu du grec « Aiguptios » signifiant « Égypte ». Aujourd'hui, le mot ne désigne plus que les chrétiens d'Égypte qui se considèrent comme les descendants des Égyptiens de l'Antiquité et constituent l'une des plus anciennes communautés

En haut à droite, **Vieux-Caire copte.** Au premier plan, la façade d'entrée de l'église suspendue, al-Mu'allaqa ; au second plan, l'église grecque-orthodoxe Saint-Georges. © Francisco Anzola/ Wikicommons

Ci-dessus, **librairies de rue** et boutiques de souvenirs dans le quartier copte du Caire. © M. Rehak/Alamy

●●● chrétiennes du Moyen-Orient. Leur Église se séparera de l'Église byzantine en 451, suite au concile de Chalcédoine.

L'histoire chrétienne du Vieux-Caire commence réellement autour du IIIe siècle ap. J.-C. avec la reconnaissance du christianisme comme religion officielle dans l'Empire romain. Malgré encore des persécutions, des églises surgissent, souvent bâties à l'aide de matériaux romains réemployés.

L'église copte « Abou Sarga », dédiée aux saints Serge et Bacchus, soldats romains martyrisés pour leur foi chrétienne, abrite leurs reliques. Elle est la plus ancienne église d'Égypte (fin IVe-Ve siècle ap. J.-C.). L'église doit sa renommée au fait qu'elle a été construite sur les lieux où la Sainte Famille aurait trouvé refuge lors de son séjour en Égypte. Elle possède un puits qui aurait été utilisé par la Sainte Famille. À quelques mètres, de même rite et datant des Ve-VIe siècles, l'église Sainte-Barbe, qui conserve les reliques de ladite sainte, compte parmi les plus anciennes du quartier. Elle fut reconstruite au XIe siècle puis restaurée plusieurs fois. Au VIe siècle, au sud du quartier, une autre église, dédiée à la Vierge, est édifiée entre ciel et sol. On l'appelle « al-Mu'allaqa », autrement dit « l'église suspendue » parce qu'elle repose sur deux tours de la forteresse romaine. Elle aurait été bâtie sur une plus petite église du IIIe siècle ap. J.-C. dont les traces ont été perdues.

À ces églises s'ajoutent celle de Saint-Ménas (Ve siècle) ou celle encore de Kasreyet El-Rehan (Ve siècle), placée sous le vocable – elle aussi – de la Vierge. Incendiée en 1979 et récemment reconstruite, elle possède une toiture composée de six coupoles ajourées de croix de verre colorées à travers lesquelles pénètre le soleil.

Il faut aussi mentionner l'église copte Saint-Georges et, à deux pas, un couvent de religieuses dont les origines remonteraient au VIIe siècle. Le couvent abrite une église et un sanctuaire où sont conservées les reliques du martyre de saint Georges au IVe siècle.

AU VIE SIÈCLE, AU SUD DU QUARTIER, UNE AUTRE ÉGLISE DÉDIÉE À LA VIERGE EST ÉDIFIÉE ENTRE CIEL ET SOL. ON L'APPELLE « AL-MU'ALLAQA », AUTREMENT DIT « L'ÉGLISE SUSPENDUE ».

Au-delà des bâtiments religieux – sur l'emprise de la citadelle romaine, le quartier compte aujourd'hui huit églises coptes – c'est toute une communauté qui s'ancre : des cimetières aux écoles où sont enseignés la langue copte, l'art liturgique, la théologie et les arts sacrés. Une vie intellectuelle foisonnante y prend forme malgré la marginalisation progressive des chrétiens d'Égypte. Car en 639, une nouvelle ère commence. L'islam devient l'âme nouvelle de la ville. Amr ibn al-As, général du calife Umar, mène la conquête arabe de l'Égypte. À proximité de la forteresse, Amr fonde Fustat, qui devient le prolongement musulman de la « Babylone d'Égypte » et du même coup la première capitale islamique d'Égypte où il bâtit une mosquée. L'ancienne citadelle est laissée aux chrétiens. Les Coptes – considérés comme « gens du Livre » – sont autorisés à pratiquer leur foi, à condition de s'acquitter d'un tribut, la *djizîa*. Ce système instauré offre un cadre légal à la continuation de leurs rites mais entérine leur statut minoritaire. Naît alors une cohabitation parfois tendue, parfois paisible. Avec l'arrivée de l'islam et de la langue arabe en Égypte, l'usage de la langue copte décline.

**Les restes de la forteresse de la « Babylone égyptienne »**, écrin du Vieux-Caire copte. © Richard Mortel / Wikicommons
Dessin au trait de la forteresse, de 1830. © Owen Browne Carter (1806–1859) / Domaine Public

**Le Christ peint** sur le plafond de l'intérieur du monastère de Saint-Georges. © E. Remsberg/Alamy **Pèlerin** dans l'église copte Mar Girgis. © F. Stark/Alamy **Icône conservée au musée copte** représentant le Christ assis sur le Trône de Gloire entouré des symboles des quatre évangélistes, 1748, Haute-Égypte. © Hans Hondelink. **Ci-dessous, mariage copte.** Les deux fiancés portent des vêtements traditionnels qui symbolisent leur royauté spirituelle. © B.O'Kane/Alamy

**L'église suspendue**, consacrée à la Vierge Marie, est construite sur les vestiges de la forteresse romaine. Elle possède plus de cent icônes coptes, ici, celles qui couronnent le jubé en bois. © DR Musée copte/Coptic Cairo - P. Horree, R. Maschmeyer/Alamy

Au IXe siècle, un nouveau monument vient enrichir la mosaïque religieuse du quartier : la synagogue Ben Ezra, construite sur une ancienne église copte du IVe siècle qui avait été nommée en l'honneur de l'archange Michel. Le bâtiment doit son nom actuel à Abraham Ben Ezra, qui l'acheta. Selon la tradition, il se dresse sur l'emplacement où le prophète Jérémie aurait rassemblé les juifs après la destruction du Temple de Jérusalem en 70 ap. J.-C. ou sur le lieu où la fille du pharaon trouva Moïse dans les roseaux. C'est pour payer les impôts au souverain Ibn Touloun que les Coptes furent contraints de vendre l'église. La synagogue conservera pendant plus d'un millénaire des manuscrits hébraïques de toutes sortes – documents liturgiques, lettres, contrats. Cette « Genizah » (réserve) deviendra une source inestimable pour l'histoire juive du Moyen-Orient.

## Un quartier qui n'est pas seulement copte

C'est avec le début du règne musulman des Fatimides en Égypte qu'est fondée la ville du Caire en 969. L'activité politique et commerciale du nouveau pouvoir se déplace d'Alexandrie vers la nouvelle capitale, ce qui a incité le pape-patriarche copte-orthodoxe à transférer son siège vers l'église suspendue, qui devient alors le lieu d'intronisation des patriarches et le lieu des décisions comme l'élection des papes et le choix de la date de Pâques. Cela confère au quartier

SELON LA TRADITION, ELLE SE DRESSE SUR L'EMPLACEMENT OÙ LE PROPHÈTE JÉRÉMIE AURAIT RASSEMBLÉ LES JUIFS APRÈS LA DESTRUCTION DU TEMPLE DE JÉRUSALEM EN 70.

**Statue de lion** devant le musée copte, qui contient la plus grande collection d'objets chrétiens égyptiens au monde. **La fresque a tempera** du monastère d'Apa Apollo à Baouît où figurent le Christ en majesté et la Sainte Vierge au milieu des apôtres et entourée par les archanges (VII$^{e}$ siècle). © V. Jiang/Alamy - Votpuske/Wikicommons

●●● une dimension politique et spirituelle centrale pour les Coptes à cette époque. « L'Église copte cesse alors d'être une Église méditerranéenne et devient véritablement une Église égyptienne », fait remarquer le frère Adrien Candiard de l'Institut dominicain d'études orientales (Ideo) qui vit au Caire. À l'exception de courtes périodes, l'église suspendue restera siège papal officiel jusqu'au règne du pape Youhanna VIII (1300-1320).

Au milieu des tensions interreligieuses, des famines, de la domination des croisés (pour qui les Coptes étaient hérétiques) puis des musulmans, et même après la conversion de la majorité des Égyptiens à l'islam au XII$^{e}$ siècle, le quartier garde son âme.

Sous les dynasties fatimide, ayyoubide, mamelouke et ottomane, les restaurations s'enchaînent bon gré mal gré et les styles se mélangent. Des artisans coptes et musulmans collaborent. L'architecture copte présente des motifs islamiques tels les arcs en fer à cheval, moucharabiehs, motifs végétaux, bois sculpté, plâtres décoratifs ou calligraphies arabes.

Au XV$^{e}$ siècle, les Grecs-orthodoxes s'installent dans le quartier, signe de la diversité chrétienne du site, en reprenant une église qui était copte à l'origine. L'édifice – circulaire, probablement du fait de sa construction sur une ancienne tour de la forteresse romaine – est dédié à saint Georges. L'église fut reconstruite plusieurs fois entre le X$^{e}$ et le XX$^{e}$ siècle. Elle est contiguë à un monastère grec-orthodoxe.

## Un quartier-musée ?

À l'aube du XIX$^{e}$ siècle, alors que le Caire s'agrandit vers l'ouest et le nord, le quartier du Vieux-Caire copte est peu à peu absorbé dans le plan urbain moderne. Mehmet Ali, qui gouverne l'Égypte pendant toute la première moitié du siècle, modernise et réforme le pays en intégrant de plus en plus les Coptes. En 1882, la Grande-Bretagne occupe l'Égypte. La communauté chrétienne voit l'influent patriarche Cyrille V (1874 1927), à la suite de son prédécesseur, entreprendre de multiples restaurations d'églises et encourager la renaissance copte, pour limiter l'influence grandissante des missions étrangères, catholiques comme protestantes, qui plus est à l'heure où croît le nationalisme égyptien.

Dans ce contexte, au début du XX$^{e}$ siècle, sentant que le patrimoine copte mérite d'être mieux protégé, un homme se lève. Marcus Simaïka Pacha, issu d'une famille de la haute bourgeoise copte, se lance en 1908 dans la concrétisation d'un projet qui était dans les tiroirs depuis la fin du XIX$^{e}$ siècle : créer un musée copte. Avec détermination et avec l'accord du patriarche Cyrille V, il rassemble les dons de nombreux notables coptes, d'une large élite d'amateurs d'art et d'antiquités pas seulement égyptiens, et recueille une subvention de l'État. L'institution muséale sera inaugurée en 1910, dans une ancienne école où sont rassemblés manuscrits, sculptures, textiles,

**Le pape copte-orthodoxe Cyrille V** (1831-1927) poursuivit les réformes engagées par son prédécesseur pour redynamiser l'Église copte à la fin du XIXe siècle et au début du XXe siècle, souvent en désaccord avec les laïcs coptes. © Wikicommons

icônes, boiseries, bois sculptés, croix anciennes, calligraphies gréco-coptes et objets liturgiques provenant de toute l'Égypte. Le musée deviendra une référence mondiale pour l'art copte, à la croisée du monde antique, chrétien et arabe. Il s'agrandira et fera – fait majeur – l'acquisition des manuscrits coptes (IVe siècle) de la bibliothèque de Nag Hammadi (Haute-Égypte), dont l'évangile selon Thomas qui offre une perspective nouvelle sur le christianisme primitif. Selon le Dr Donald Malcolm Reid, professeur associé au département des langues et civilisations du Proche-Orient de l'université de Washington : « Le musée copte de Simaïka a contribué à sensibiliser les coptes et les musulmans au rôle crucial joué par l'Église et la communauté coptes dans l'établissement de liens entre l'Égypte antique, d'une part, et l'Égypte islamique et moderne, d'autre part. Le musée demeure aujourd'hui un lieu incontournable pour la conscience et l'identité nationales coptes et égyptiennes. »

Aujourd'hui, et notamment grâce à l'aura du musée, le quartier possède une identité culturelle très forte. « Pour autant, s'agit-il encore d'un quartier ? », s'interroge Julien Auber de Lapierre. Pour ainsi dire, « il y reste peu de maisons et la vie ne se résume qu'à la paroisse et au tourisme ».

***CHRISTOPHE LAFONTAINE***

CARNET D'ADRESSES

# DES LIEUX À VISITER

Outre ses églises anciennes, le Vieux-Caire copte est aussi célèbre pour son patrimoine juif, romain et muséal.

▶ **La synagogue Ben Ezra :** La plus ancienne synagogue d'Égypte a une architecture profondément chrétienne puisqu'elle était à l'origine une église. Ses plafonds et arabesques relèvent quant à eux de l'art islamique mais ses ornements et inscriptions sont bel et bien juifs. Elle est aussi particulièrement célèbre pour sa « Genizah » (pièce de dépôt) qui contenait entre 200 000 à 400 000 manuscrits en hébreu, en araméen ou en judéo-arabe, datant de 870 à 1880.

© Shutterstock

▶ **La forteresse romaine de la « Babylone égyptienne » :** c'est là que tout a commencé autour et sur les restes des murailles romaines de la citadelle renforcée sous Trajan. La forteresse de Babylone s'est transformée très tôt en enclave chrétienne. La plupart des vieilles églises coptes sont situées sur ses ruines, notamment l'église suspendue (V[e]-VI[e] siècles) et l'église grecque-orthodoxe Saint-Georges, bâtie sur une des tours, d'où sa forme circulaire.

© Shutterstock

▶ **Le musée copte :** Fondé en 1910 par Marcus Hanna Simaïka, chrétien et notable originaire du Caire, le musée copte présente l'histoire copte depuis l'arrivée de la christianisme en Égypte, puis à travers les différents régimes jusqu'à aujourd'hui. Il comprend la plus grande collection d'œuvres d'art copte au monde. La plupart des œuvres sont postérieures à la conquête arabe de la vallée du Nil. Le bâtiment est un véritable joyau avec ses moucharabiehs (cloisons ajourées en bois) aux fenêtres et ses plafonds en arabesques.

© Julien Auber de Lapierre, avec l'aimable autorisation du musée copte.

**Musée** Marcus Hanna Simaïka fonda au cœur du Vieux-Caire le plus riche musée du monde en art copte. Chrétien engagé, il sut manœuvrer avec son Église en délicatesse avec l'ingérence des laïcs dans les réformes qu'elle menait.

# Simaïka, un pacha chrétien, réformateur et conservateur

« S'il y a un homme qui a marqué le quartier copte du Caire et qui compta dans l'Église copte du début du XXe siècle, c'est Marcus Hanna Simaïka », estime le frère Adrien Candiard, de l'Institut dominicain d'études orientales (Ideo), basé au Caire.

Celui qui reçut le titre de pacha en 1915, de commandeur de l'ordre de l'Empire britannique, et qui fut membre de la *Society of Antiquaries of London*, voit le jour au Caire en 1864 dans une famille copte-orthodoxe influente.

Marcus Hanna Simaïka, doté d'un fort caractère et d'une ardente curiosité pour les langues, l'étranger et la culture, refuse – s'opposant ainsi à la volonté paternelle – d'entrer dans les ordres. Il entame, au temps de l'Égypte coloniale, une carrière prometteuse dans l'administration des chemins de fer égyptiens, qui prend fin suite au remplacement des hauts fonctionnaires locaux par des Britanniques. Il fait contre mauvaise fortune, bon cœur : appartenant au Conseil laïc copte depuis 1889, il va s'y investir plus encore, en tant que vice-président dès 1908 et ce, vingt ans durant. Là, il revendique une autonomie laïque ferme vis-à-vis de l'Église, défend le droit des laïcs à contrôler les écoles coptes, les biens religieux et les questions de divorce et de succession. Cette posture moderniste lui vaudra de fortes tensions avec le patriarche Cyrille V.

Homme d'action, par ailleurs membre permanent du Conseil législatif du Khédivat d'Égypte, administrateur compétent, nourri par la lecture d'Alfred J. Butler (1850-1936), britannique spécialisé dans l'histoire des Coptes, Simaïka se tourne vite vers la culture. Ayant rejoint dès 1906 le comité égyptien des conservations des monuments arabes (qu'il présidera ensuite), il se lance dans le grand projet de sa vie : participer à la préservation et à la mise en valeur du patrimoine et de l'identité culturelle coptes. Il se mue dès 1907 en collectionneur invétéré d'antiquités coptes et de manuscrits. Pour s'assurer le soutien de son Église, il adoucit ses positions et inaugure le musée copte du Vieux-Caire, le premier du genre, le 14 mai 1910.

Sa démarche relève d'un sens civique et culturel, pas seulement confessionnel. Fouad Ier d'Égypte le comprend, ce qui le mène à nationaliser le musée en 1931, malgré les réticences de l'Église, et à faire de l'écrin copte bien plus qu'une institution communautaire.

Nommé directeur à vie par le roi, Simaïka se lance dans des publications scientifiques et obtient des fonds pour une nouvelle aile du musée, qui sera ouverte en 1947, trois ans après sa mort.

**CHRISTOPHE LAFONTAINE**

**1 et 2 – Marcus Hanna Simaïka** en 1882, à l'âge de dix-huit ans. Puis en 1906. Photographies de Theodor Kofler. Le Caire. Avec l'aimable autorisation de Samir Mahfouz Simaika.

**3 – Icône représentant la Fuite de la Sainte Famille en Égypte**, XVIIIe siècle (?), conservée au musée copte du Caire. © Hans Hondelink

**4 – Façade néo-fatimide** du musée copte du Caire (détail du linteau central). © Julien Auber de Lapierre

**5 – Le musée copte du Caire** compte environ 16 000 pièces, classées chronologiquement du IVe au XXe siècle sur une superficie de 8 000 m², bâtiments et jardin compris. © Djehouty/ Wikimedia Commons

**6 – Collections** au sein du musée copte du Caire. © Radosław Botev/ Wikicommons

①

②

③

④

⑤

⑥

# LA CÉLÉBRITÉ DU VIEUX-CAIRE

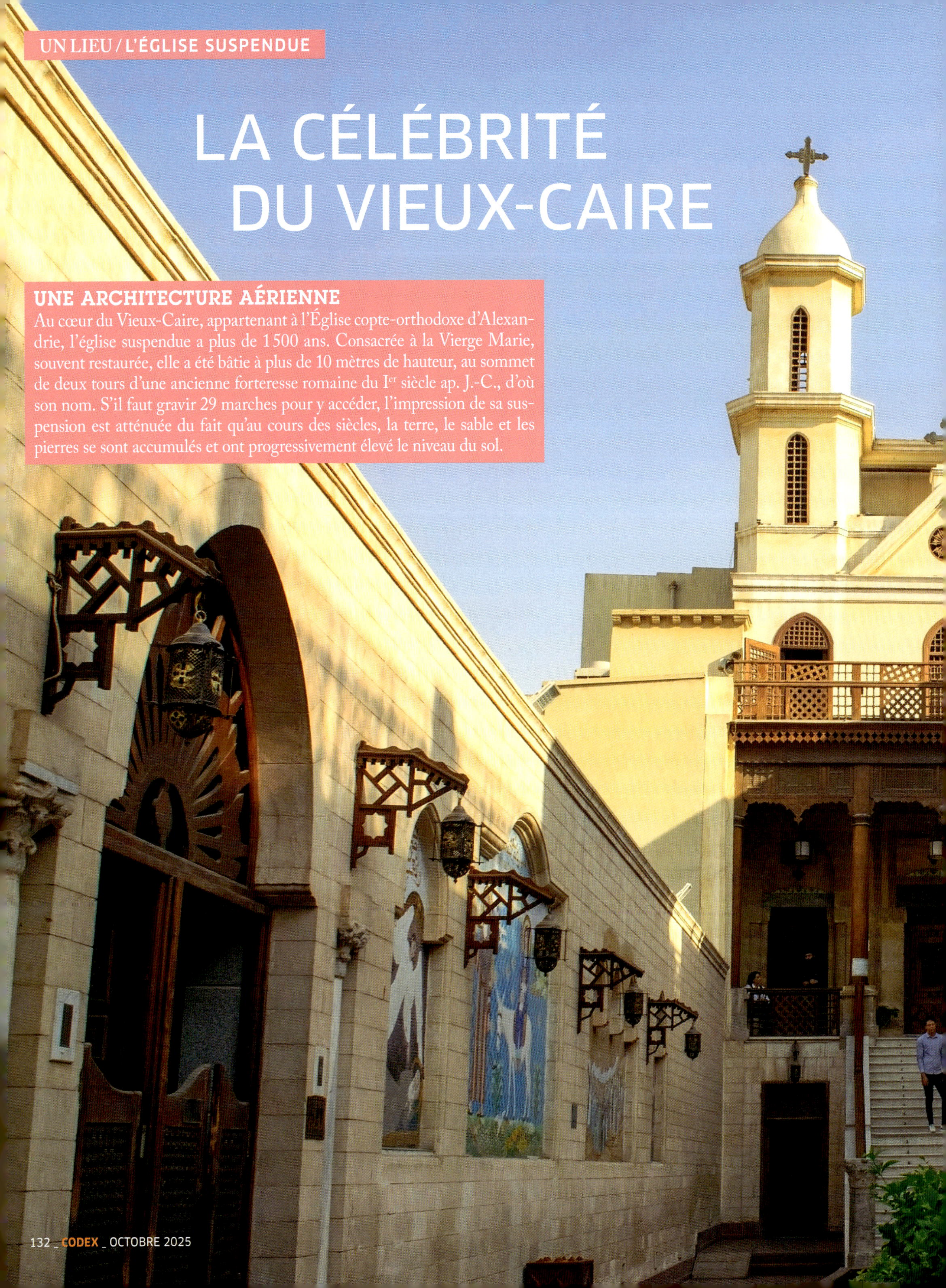

## UNE ARCHITECTURE AÉRIENNE

Au cœur du Vieux-Caire, appartenant à l'Église copte-orthodoxe d'Alexandrie, l'église suspendue a plus de 1500 ans. Consacrée à la Vierge Marie, souvent restaurée, elle a été bâtie à plus de 10 mètres de hauteur, au sommet de deux tours d'une ancienne forteresse romaine du Ier siècle ap. J.-C., d'où son nom. S'il faut gravir 29 marches pour y accéder, l'impression de sa suspension est atténuée du fait qu'au cours des siècles, la terre, le sable et les pierres se sont accumulés et ont progressivement élevé le niveau du sol.

### UN SIÈGE PATRIARCAL

Le siège historique du patriarche de l'Église copte-orthodoxe d'Alexandrie était autrefois la ville égyptienne éponyme. Cependant, quand celle-ci perdit son pouvoir politique suite à l'invasion arabe du pays, le siège fut transféré au Caire, à l'église suspendue. Du XIe au XIVe siècle, avec quelques interruptions, l'église fut le théâtre des élections patriarcales et des synodes de cette Église.

### UNE JOCONDE COPTE

Connue pour son toit en bois en forme d'arche de Noé, ses mosaïques et son riche mélange d'éléments architecturaux coptes et islamiques, l'église suspendue est également réputée pour les cent dix icônes qu'elle abrite, dont la plupart datent du XVIIIe siècle et certaines du début du Xe siècle ou même avant. La plus ancienne remonte au VIIIe siècle. Elle représente Marie, l'Enfant-Jésus dans ses bras, et saint Jean-Baptiste. Telle Mona Lisa, la Vierge peinte suit du regard quiconque la contourne.

# Le pilier fondateur de la coptologie

**Études** ✤ La Société d'archéologie copte est née pour combler l'absence d'un centre scientifique consacré à la valorisation du patrimoine copte en Égypte. Elle est la seule organisation dédiée à l'Égypte chrétienne.

**La Société d'archéologie copte organise de nombreuses conférences.** Ici, en décembre 2023, sur le thème « Agriculture, commerce et subsistance dans les monastères égyptiens à travers l'archéobotanique ». © Société d'archéologie copte

En septembre 2022, au Caire, dans un amphithéâtre vibrant d'experts internationaux, s'est tenu le premier Congrès international d'archéologie copte, organisé par la Faculté d'archéologie de l'université égyptienne Aïn Shams, l'Institut français d'archéologie orientale (IFAO) et la Société d'archéologie copte (Sac). Ont été analysées les influences entre la culture copte et celles de l'Égypte antique, gréco-romaine et musulmane, dans l'art, l'architecture, la langue ou les manuscrits. Il s'est agi aussi de faire un point sur les avancées en archéologie copte et de voir comment soutenir les jeunes scientifiques égyptiens dans la recherche et l'enseignement. C'est là l'un des objectifs de Youssef Boutros-Ghali, ancien ministre des Finances et actuel président de la Sac, qui s'emploie à la redynamiser en souhaitant notamment lancer des appels aux dons aux États-Unis et en Europe. Une source de financement qui permettra aussi de reprendre des fouilles. Car la Sac est la seule organisation en Égypte détenant une licence en la matière. « Il nous suffirait juste de faire une demande d'autorisation au ministère des Antiquités égyptiennes et de payer les droits », explique-t-il. D'autant que les sujets ne manquent pas. Il y a deux ans, un monastère du VIe siècle et sa bibliothèque ont été retrouvés dans le sable du désert égyptien oriental et n'attendent que d'être fouillés. À noter que toutes les fouilles de la Sac finissent au musée copte du Vieux-Caire, là où est née l'association en 1934, à l'initiative de l'arrière-grand-oncle du président actuel. Mirrit Bey Boutros-Ghali, intellectuel alors âgé de vingt-six ans, souhaitait avec d'autres érudits créer un centre d'études et de recherches, avec publications, sur les antiquités coptes. Parmi les protagonistes, Sami Gabra, égyptologue renommé, professeur et conservateur au musée égyptien, qui apporta une rigueur académique sans pareille.

Dès ses débuts, la Sac – riche à ce jour d'une bibliothèque de trente mille ouvrages dont certains datent du IIe au VIe siècle – lança un bulletin annuel rassemblant études et recherches, devenu référence internationale. Aussi, « c'est à la Sac que l'on doit depuis les années 1960 le terme de "coptologie" pour désigner l'archéologie copte », se félicite Youssef Boutros-Ghali, qui ne manque pas de rappeler que l'association, indépendante de toute institution religieuse et seule dédiée encore à ce jour à l'Égypte chrétienne et à l'Éthiopie copte, a contribué à la fondation de l'Association Internationale d'Études Coptes en 1975. ✤ *C. L.*

# La fête du saint patron de *la famille*

**Protecteur** ✤ *La Slava*, fête du saint patron de la famille, est une célébration privée, mais dont l'importance est telle en Serbie qu'elle a été inscrite au patrimoine vivant de l'humanité par l'Unesco.

**Marie-Alix Espindola** *avec l'aide de* **Gordana Bekčić**, *Kancelarija za kulturnu diplomatiju, (Bureau de diplomatie culturelle).*

**LES JOURS DE SAINTS CÉLÈBRES, NOMBREUSES SONT LES FAMILLES** qui se rendent à l'église pour célébrer leur patron. Chacun apporte son pain de Slava pour qu'il soit béni par le prêtre. © Musée ethnographique de Belgrade

**SAINT-SAVA À BELGRADE** est l'une des plus grandes églises orthodoxes au monde, impressionnante par sa taille, son extérieur en marbre blanc et ses mosaïques monumentales. © Shutterstock

Lorsque les missionnaires évangélisèrent les peuples slaves, au X^e^ siècle, des foules entières furent baptisées dans les rivières ou dans les lacs. Au sein de cette nation de convertis, la date du baptême, parfois la même pour toute une famille, revêtit une importance particulière. C'est là l'une des explications de l'origine de la *Slava* en Serbie : le saint célébré le jour du baptême devenait le protecteur de la famille. À moins qu'elle ne soit la transformation de cultes païens, à des divinités protectrices et aux ancêtres, en dévotions chrétiennes. Dans tous les cas, cette coutume était déjà tellement ancrée dans la culture que lorsqu'au XIII^e^ siècle, saint Sava devint le premier archevêque de Serbie et le fondateur de l'Église orthodoxe serbe autocéphale, il entreprit de codifier cette célébration qui, 800 ans plus tard, est toujours aussi importante dans la culture du pays. Cette fête s'est imposée, au fil des siècles, comme un vecteur de cohésion familiale autant que d'unité nationale. Célébration très joyeuse, elle unit les familles autour d'une dimension religieuse, elle est l'occasion de se souvenir et d'intercéder pour les défunts, et elle renforce les liens de voisinage et d'amitié. Mais la *Slava* est surtout devenue le symbole de l'identité serbe orthodoxe. Au XIV^e^ siècle, lorsque la Serbie tomba aux mains des Ottomans, domination qui dura quatre siècles, cette fête continua à être célébrée, malgré des interdictions religieuses plus ou moins strictes selon les périodes, justement car elle relevait de la sphère et du culte privés. De la même manière, au XX^e^ siècle, sous le communisme, la *Slava* put être perpétuée dans l'intimité des maisons, même si la partie du rituel qui se déroulait à l'église ne pouvait plus être réalisée en raison de l'interdiction de culte officiel.

**PREMIER ARCHEVÊQUE DE SERBIE** et fondateur de l'Église orthodoxe serbe autocéphale, saint Sava codifia la célébration de la *Slava* au XIII^e^ siècle. © Wikicommons

**CES PHOTOS D'ARCHIVES MONTRENT L'ARRIVÉE DES INVITÉS À UNE *SLAVA*** dans un village, ainsi qu'une famille et des amis se réunissant autour du pain qu'ils tiennent entre leurs mains, tandis qu'ils récitent une prière. Ce *šaralica* (*slovo* – « lettre ») en forme d'église est un tampon sur la base duquel sont gravées les lettres cyrilliques ИС ХС НИ КА. Il sert à marquer le gâteau de *Slava*.

**LES QUATRE ÉLÉMENTS INDISPENSABLES AU RITUEL DE LA *SLAVA*** sont le pain de *Slava* (Slavski kolač), du vin rouge, une grande bougie de cire jaune et du Žito, des grains de blé bouillis et parfois sucrés. Le pain est incisé en forme de croix puis le prêtre y verse quelques gouttes de vin. © Shutterstock

Le mot *Slava* signifie « louange, gloire ». C'est une fête qui rend grâce à Dieu à travers son saint. Elle comporte donc un office religieux, qui peut se dérouler le matin à l'église , ou plus tard dans la journée, dans la maison familiale.

Quatre éléments sont indispensables au rituel : le pain de *Slava* (*Slavski kolač*), du vin rouge, une grande bougie de cire jaune, et du *Žito*, des grains de blé bouillis et parfois sucrés. Le pain, le blé et le vin rappellent le sacrifice du Christ à la messe, mais également la fertilité et l'abondance. Quant à la lumière de la bougie, elle éclaire la maison durant toute la journée. Le pain est sans doute le symbole le plus important car il est préparé par la mère de famille qui y met tout son art. De forme ronde, il est richement décoré de symboles religieux et surtout marqué, à l'aide d'un tampon appliqué sur la pâte, de l'inscription « исхс nika », qui signifie « Jésus Christ est victorieux » en grec. Le matin de la *Slava*, il est apporté à l'église où le prêtre le bénit avant de l'inciser en forme de croix. Puis il verse quelques gouttes de vin au centre de cette croix, ainsi que sur le blé (*Žito*). Le prêtre, le chef de famille et l'ensemble des membres présents forment alors un cercle tout en tenant le pain dans leurs mains et ils le font tourner, tout en chantant une prière. Puis ils le rompent. Chaque assistant doit alors embrasser le pain. Le prêtre le présente en disant : « Jésus est entre nous », ce à quoi chacun répond : « Il l'est et Il le sera. » Plus tard, une fois à la maison, lors de la célébration familiale, chacun recevra un morceau de ce pain, une cuillère de *Žito* et un peu de vin. Lorsque l'office est terminé, quelques membres de la famille rentrent chez eux préparer la suite des festivités, pendant que les autres assistent à la divine liturgie.

**SLAVA DE SAINT NICOLAS. APRÈS LA BÉNÉDICTION,** les assistants embrassent le pain de *Slava* qui est marqué des lettres ИС ХС НИ КА, signifiant « Jésus Christ est victorieux ». Le prêtre le présente en disant : « Jésus est entre nous », ce à quoi chacun répond « Il l'est et Il le sera ». À gauche, **LE MONASTÈRE DE MILEŠEVA**, dont les fresques comptent parmi les plus belles de l'art byzantin. © Shutterstock/Musée ethnographique de Belgrade

**SLAVA DE SAINT DIMITRI.** Ici, le prêtre s'est rendu chez la famille pour bénir et couper le pain de *Slava*. © Musée ethnographique de Belgrade

Si le rituel de la *Slava* possède une structure commune à toutes les célébrations, chaque famille fait sienne cette fête, lui donnant une saveur personnelle, en fonction des traditions locales ou de son histoire particulière. C'est une fête très joyeuse. Les maisons sont ouvertes et les proches et amis de la famille qui célèbre son saint patron s'y retrouvent, sans qu'une invitation soit même nécessaire. Chacun connaît la date de la *Slava* de ses voisins et sait qu'il y est attendu. Ce jour-là, il est de coutume de se saluer du traditionnel « *Srećna slava !* » (« Joyeuse *Slava* »). Si l'office n'a pas pu être célébré à l'église, il se fait à la maison, en présence du prêtre. Puis le repas de fête commence par le partage du pain de *Slava*, le vin et le *Žito*. Le père de famille est chargé de prononcer une prière au cours de laquelle on remercie le saint patron, on prie pour les défunts et l'on confie les vivants. En fonction de son saint titulaire, chaque famille peut rappeler les qualités que le saint a particulièrement incarnées durant sa vie, comme la générosité pour saint Nicolas ou le courage pour saint Georges, qualités qu'elle choisit de vivre. Les convives échangent ensuite des vœux puis dégustent un repas de fête, accompagné de chants folkloriques et de musique. Ce repas traditionnel symbolise l'abondance. Il doit contenir de la viande en temps normal ou du poisson durant les périodes de jeûne, mais on y trouve aussi du chou farci, de la tourte au fromage, du *kajmak* (un plat traditionnel de crème de lait caillé). Tout au long de la journée, les amis et les voisins défilent dans la maison pour féliciter la famille, lui offrir des présents et participer aux festivités. Les jours de saints célèbres se transforment d'ailleurs en véritables marathons car il faut visiter de nombreuses maisons. Un proverbe dit que l'ensemble des Serbes fêtent une *Slava* le jour de la saint Nicolas qui, dans le calendrier julien, tombe le 19 décembre : une moitié le célèbre comme son saint patron titulaire et l'autre moitié est invitée par ses voisins. Saint Georges, saint Michel archange et saint Jean sont également très répandus, puis viennent de nombreux autres, parmi lesquels des saints serbes comme saint Sava et saint Stefan Visoki. La *Slava* est un moment très attendu par chaque famille, préparé dans la joie et célébré avec foi et fierté.

**DANS LES MAISONS, UN PETIT AUTEL EST DRESSÉ AVEC DES ICÔNES DU CHRIST,** de la Vierge et du saint Patron, une bougie et le pain de *Slava*. Ci-dessous, **LE MONASTÈRE MÉDIÉVAL DE ŽIČA** est connu comme le lieu du couronnement des rois serbes. © Musée ethnographique de Belgrade / Wikicommons

**LA CÉLÉBRATION DU SAINT PATRON N'EST PAS RÉSERVÉE AUX FAMILLES.** Les villages ont également leur *Slava*, ainsi que les écoles et l'armée. Dans ce village des Monts Kopaonik, des autels sont dressés sur le passage de la procession. Intérieur et extérieur de l'église Saint-Marc.

**LA TRANSMISSION DE CETTE TRADITION EST FONDAMENTALE** car elle est un symbole de l'identité serbe orthodoxe. Elle se fait également à travers des ateliers et des expositions. Musée du pain, à Pećinci. © Musée ethnographique de Belgrade

La transmission du saint patron se fait de génération en génération, du père au fils aîné, chargé à son tour de devenir le chef de famille et d'en réunir les membres chaque année. À cette occasion, le père donne à son fils la liste des défunts pour le repos desquels on prie. Lorsqu'une femme se marie, elle adopte la *Slava* de son époux, changeant alors de saint patron, sauf si, en absence de descendance mâle, elle devient l'héritière de son père, auquel cas, sa famille se voit dotée de deux *Slava*. Quant aux enfants vivant hors de Serbie, ils peuvent recevoir la bénédiction de leur père afin de pouvoir honorer leur saint patron en terre étrangère. La *Slava*, véritable symbole d'identité, est donc célébrée dans tous les lieux où se trouvent des communautés serbes. En tant que célébration collective du saint patron, la *Slava* n'est pas réservée aux familles. Les villes et les villages ont également la leur, durant laquelle une procession dans les rues (*litije*) a lieu avec la participation du clergé et des fidèles. Quant à la *Slava* de Belgrade, elle se déroule le jour de l'Ascension, *Spasovdan*, quarante jours après Pâques, de même que celle de la ville de Banja Luka, capitale de la Republika Srpska (la République serbe de Bosnie située en Bosnie-Herzégovine). Il existe aussi une *Slava* des écoliers, le 27 janvier, jour de la saint Sava, et une *Slava* des forces armées (saint Stefan Visoki, le 1er août).

**LE MUSÉE ETHNOGRAPHIQUE DE BELGRADE** a organisé en 2024 toute une exposition autour de la *Slava*. © Wikicommons

# La 16 décembre 1775 : naissance de Jane Austen

**Morte en 1817,** Jane Austen sera reconnue au XX<sup>e</sup> siècle comme un grand écrivain.
© The History Collection/Alamy

Jane Austen naît en 1775 à Steventon, un village du Hampshire. Fille de pasteur, elle reçoit une éducation soignée, entre les lectures dans la bibliothèque paternelle, la pension à l'adolescence et les retrouvailles en famille où l'on joue du théâtre. Entre vingt et vingt-cinq ans, elle conçoit les premières versions de ses romans. À la mort de son père, comme ses héroïnes les sœurs Dashwood, elle se retrouve dans la gêne avec sa sœur et sa mère puisque les revenus de la cure vont au frère aîné selon le droit anglais de la succession. Mais ses frères se cotisent et les mettent à l'abri : libérée des contraintes domestiques et des soucis d'argent, elle révise ses romans et rencontre un éditeur qui accepte de les publier. Sense and Sensibility paraît anonymement en 1811 et connaît un succès mesuré, suffisant pour lancer l'édition de Pride and Prejudice (1813). Mansfield Park (1814) et Emma (1815) suivront. Jane Austen meurt de maladie en 1817 et ses derniers romans, Persuasion et Northanger Abbey, paraîtront à titre posthume en 1818.

De son vivant, Jane Austen connut un petit succès parmi ses lecteurs, mais ce n'est qu'au XX<sup>e</sup> siècle qu'elle sera vraiment reconnue en tant que grand écrivain. Dès lors, son succès ira croissant chez ses lecteurs, ses pairs – Virginia Woolf lui consacre un essai assez élogieux – et chez les universitaires. Ses œuvres complètes sont publiées dans la prestigieuse collection de la Pléiade en 2023.

Depuis les années 1970, la romancière connaît également un succès florissant sur petit et grand écran : tous ses romans ont été adaptés au cinéma ou en séries télévisuelles, jusqu'à dix versions par roman ! Plus largement, le cadre général de ses œuvres ainsi que sa vie de femme de lettres célibataire évoluant avec lucidité dans la société anglaise du début du XIX<sup>e</sup> siècle inspire de nombreux autres films.

Jane Austen a mené une existence simple et discrète : elle n'a jamais quitté sa campagne anglaise, ne s'est jamais mariée et a voué sa vie à l'écriture avant de mourir jeune. Loin des modes littéraires, elle a forgé son propre style avec ses romans qu'on a qualifiés de « domestiques » : dans l'univers de la gentry terrienne, ils mettent en scène des personnages féminins partagés entre union d'amour ou de raison, à une époque où le mariage est souvent la seule voie d'émancipation des femmes. Il y est donc question de mariage certes, mais aussi de famille, d'héritage et d'argent. Sur cette petite société provinciale, Jane porte un regard vif et lucide, et c'est sans doute cette analyse psychologique et sociale des personnages menée avec réalisme, humour et finesse qui a fait d'elle une femme de lettres passée à la postérité.

*SABINE DE CUMOND*